CREER

DIEGO SIMEONE

CREER

EL DESAFÍO DE SUPERARSE SIEMPRE

LIBROS CÚPULA

Publicado originalmente por Grupo Editorial Planeta S.A.I.C. (Argentina)
en junio de 2016

Primera edición en España: septiembre de 2016
Segunda impresión: septiembre de 2016
Tercera impresión: octubre de 2016
Cuarta impresión: octubre de 2016
Quinta impresión: diciembre de 2016
Sexta impresión: enero de 2017
Séptima impresión: enero de 2018
Octava impresión: noviembre de 2018
Novena impresión: diciembre de 2019
Décima impresión: abril de 2021
Undécima impresión: marzo de 2022
Primera edición en esta presentación: enero de 2024
Segunda edición en esta presentación: mayo de 2024

ISBN: 978-84-480-4063-5
D. L: B. 18.304-2023

Impresor: Gómez Aparicio

A mis hijos, a quienes les robo tiempo
para seguir mi pasión.

A mis viejos, que me ayudaron
a ser el hombre que soy.

A mis jugadores, que en todos estos años
me obligaron a mejorar y me dieron
la oportunidad de aprender de ellos.

A mis maestros, de los que aprendí
en silencio el valor de este juego
que se parece tanto a la vida.

A quien acompaña mis sueños
en la intimidad del día a día.

A mis colaboradores, que me ayudan a
pensar y a imaginar nuevos desafíos.

Y a todos aquellos que creen en el
milagro de sus propias fuerzas.

1. SOÑAR

Los Simeone somos de Garófali, un pueblo muy chico, mínimo, cercano a Nápoles. Nos criamos con mi abuela, que siempre decía *mamma mia* o *mannaggia*. Teníamos rasgos italianos que se manifestaban en nuestra manera de vivir. Éramos contestatarios, rebeldes, inquietos, siempre tratando de resolver situaciones. Estábamos todo el tiempo en movimiento y todos teníamos personalidades fuertes y diferentes, pero no chocábamos entre nosotros. La autoridad la tenía mi abuela, que era la que más gritaba. Ella sentía el arraigo de sus antepasados italianos. Tenía mucha personalidad, mucha fuerza y era muy ordenada para todo. Había que poner la mesa y guardar los juguetes después de jugar en el único lugar permitido, que era el piso. Era así: no había tregua. Con el tiempo, todas esas situaciones menores van construyendo la personalidad.

Mi abuela influyó mucho sobre nosotros hasta que yo tuve 12 años, que fue el momento en el que mi mamá dejó de trabajar. Hay algo que hace una madre por sus hijos que a veces es invisible, y que uno recién aprende a considerar y a agradecer cuando pasan los años. Y a mi madre le debo el estar siempre atenta a todo. Podía acompañarme con un té con limón, con la torta que más me gustaba o con un masaje cuando estaba contracturado. Cuando me mudé a Pisa, de hecho, vivió dos meses en Italia, dos meses en Buenos Aires y así. Siempre me contuvo y me ayudó. Con mi vieja no se puede hablar de fútbol porque la aburre un poco. Pero me dio algo especial: una energía positiva, una manera optimista de mirar el mundo.

Mi viejo siempre fue práctico y concreto. Cuando venía de trabajar, me decía: "Me dijeron que te portaste mal", y me tiraba del pelo. Un día íbamos en el auto y me preguntó si me gustaba que me tiraran del pelo. Yo le contesté que no, entonces él me dijo: "A mí tampoco, pero cuando llego del trabajo y me dicen que te portaste mal es como si me tiraran el pelo". Era un ejemplo sencillo pero muy contundente. Cuando a uno le tiran el pelo detrás de la oreja, eso molesta; a él le molestaba volver del trabajo y que le rompieran las pelotas. Su acercamiento hacia nosotros era así, totalmente práctico.

Jamás tuve un choque con él. Es posible que tengamos una forma de ser parecida. Somos de evitar situaciones que deriven en un enfrentamiento. Intentamos vivir bien o directamente nos enojamos. No hay término medio. No existen, entre nosotros, esas charlas que lentifican las situaciones para evitar el choque. Siempre tuvimos una relación directa. El reto mayor que recibía cuando era chico era por llegar tarde, pero por lo general yo no daba razones para el castigo. Nunca hubo episodios graves. Sí retos como los de cualquier padre a su hijo, pero jamás un detonante como para que alguien dijera: "Acá está pasando algo diferente".

No tengo memoria de mí mismo sin una pelota de fútbol. Si me acuerdo de mis primeros pasos, la pelota ya estaba conmigo, aunque todavía no fuera una de verdad sino una media rellena de papel. ¡Yo mismo soy casi una pelota! A mi viejo le gusta contar la anécdota de cuando me regalaron un fuerte con indios y soldados y armé una cancha con once indios de un lado y once soldados del otro.

Cuando íbamos a la verdulería que estaba a la vuelta de casa, en Palermo, pedía unas cintas de plástico celestes y blancas que venían con los cajones, las cortaba y marcaba el límite de la cancha donde estaba la gente. Ya tenía los arcos de plástico que se compraban para la torta de cumpleaños y con todo eso armaba los partidos: indios contra soldados, rastis blancos contra rastis rojo. A los que sobraban los ponía en las tribunas, era como un director de teatro, estaban los jugadores pero también la escenografía. Con 5 o 6 años ya intuía lo que podía pasar en el juego, adentro y afuera, y cuando tenía todo montado hacía que los jugadores se fueran pasando la pelota hasta llegar al arco de enfrente. Cuando hago memoria sobre mi infancia, me veo siempre en esa situación.

A esa edad es muy difícil jugar al fútbol de manera organizada, pero yo ya quería jugar. Como todos los pibes, empecé en el colegio. Después estuve en un club de barrio, el Villa Malcolm, que está en la Avenida Córdoba. También jugaba en la calle, de árbol a árbol, de portón a portón, de esquina a esquina. Antes de empezar con el juego de equipo jugaba donde había lugar para hacerlo, con pelota de plástico, de goma grande o chiquita, o con cualquier cosa que se pudiera patear.

Cuando un chico empieza a jugar a la pelota es como un malabarista que se dedica a un juego individual. Pero después se aprende que el fútbol no es un

juego de uno solo, que hay que jugar con otros y además enfrentar a otros. Un día se comienza a competir
y lo único que se busca es ganarles a los demás. Pero
a los 8 o 9 años no se piensa totalmente en equipo. Sin
embargo, yo muy pronto elegí una posición neurálgi-
ca en el juego, que es la del mediocampo. Eso me dio la
posibilidad de intuir que se trataba de un deporte de
ataque y de defensa.

En el baby se juega de cinco y el arquero: dos atrás,
uno en el medio y dos arriba. El esquema era ese y yo
jugaba en el medio. De a poco me fui dando cuenta
de que no era un juego en el que fuese fácil ganarle al
otro como uno quería. Más allá de buscar el triunfo
frente al rival, había una situación de juego que era
necesario tener en cuenta.

Me acuerdo de que cuando era muy chiquito, en el
año 79, jugaba en un equipo que se llamaba Estrella
de Oro. Ya armábamos jugadas de estrategia. Una de
las reglas del baby era que no se podía sacar el lateral
hacia el área porque si la pelota picaba ahí se cobra-
ba falta. Pero nosotros teníamos un pibe que sacaba
el lateral al vacío con mucha precisión y yo cortaba
en diagonal para encontrarme con la pelota. A los 8
años ya tenía *timing* para conectar la pelota de cabeza atacando el espacio.

Todavía me sorprende que hayamos podido hacer eso siendo tan chicos. Supongo que no era fácil porque es una edad en la que solo "se juega a la pelota". Pero nosotros podíamos interpretar una acción que significaba encontrar la pelota en un espacio de ataque de un modo particular. Posiblemente el entrenador nos habría enseñado a hacer ese movimiento, pero la ejecución era nuestra. Y se trataba de un recurso que utilizábamos muy seguido porque era una forma de hacer un gol en un equipo que no jugaba extremadamente bien. Teníamos una posibilidad en una acción detenida y no la desaprovechábamos.

Contando esto y trayéndolo al presente, siento que desde muy chico intuí que jugar al fútbol consistía en encontrar algo sobre el espacio. Se pasan más minutos sin la pelota que con ella, y en esos minutos que se juega sin la pelota hay que ocupar muy bien los espacios.

Entonces, este juego del que todos nos enamoramos por la pelota es sin la pelota. Todos nos vamos formando con algunas ideas de la infancia y yo me fui formando de chiquito como un volante agresivo. Cuando me fui a probar a Vélez, también me hicieron jugar en el medio y pude empezar a desarrollar mi vocación de mediocampista con aspiraciones de delantero.

Mi primer ídolo fue Falcao, un 5 brasileño de los años 80. Me encantaba. No tenía nada que ver con mis características pero me gustaba mucho. Era un tipo elegante y con mucho juego. Uno siempre sigue a los jugadores del equipo del que es hincha, y como yo era de Racing me gustaba José Berta. Tenía personalidad, era agresivo e intenso. Pero yo nunca fui solamente un 5. Siempre tuve la cabeza abierta y creo que haber pasado por los consejos de Carlos Pachamé, Carlos Bilardo y mucha gente que influyó enormemente en mi crecimiento desde los inicios, me abrió la posibilidad de no centrarme solo en un espacio del campo. Yo no era un jugador de un lugar, jugaba de una manera mucho más amplia que quien ocupa un puesto.

SE PASAN MÁS MINUTOS SIN LA PELOTA QUE CON ELLA, Y EN ESOS MINUTOS QUE SE JUEGA SIN LA PELOTA HAY QUE OCUPAR MUY BIEN LOS ESPACIOS. ENTONCES, ESTE JUEGO DEL QUE TODOS NOS ENAMORAMOS POR LA PELOTA ES SIN LA PELOTA.

Siempre quise ser futbolista. Nunca dudé. Pero no puedo hablar de un hecho puntual. Se fue dando. Sería injusto si dijera otra cosa. Para mí fue todo muy natural. Las cosas se fueron dando progresivamente. Ante todo, creo que tuve un buen sostén familiar para ir construyendo una personalidad. Porque para jugar a la pelota no alcanza con hacerlo bien. Los jugadores de fútbol diferentes son aquellos que tienen una gran personalidad, los que le pueden transmitir a este juego otras virtudes que no son solamente las de tener destreza en el deporte.

Debo el hecho de haber sido futbolista a la personalidad que fui construyendo mientras crecía. Mi abuela, que me inculcó la idea del orden, el acompañamiento de mi viejo y la estabilidad familiar fueron claves en esa formación. Después, hay una corriente que lleva hacia adelante. Porque cuando uno quiere cumplir un deseo, eso funciona como una obsesión. Y ya no importa mucho alejarse de algunas cosas si uno se está acercando al objetivo.

CUANDO UNO QUIERE CUMPLIR UN DESEO, ESO FUNCIONA COMO UNA OBSESIÓN. Y YA NO IMPORTA MUCHO ALEJARSE DE ALGUNAS COSAS SI UNO SE ESTÁ ACERCANDO AL OBJETIVO.

En mi caso fue una suerte no tener que alejarme pronto de mi familia. Estuve hasta los 20 años en mi casa. Pero a partir de los 14, cuando más o menos se empieza a intuir que el camino está más cerca, se comienza a experimentar una sensación de egocentrismo. Todos los chicos que tienen ese deseo, a esa edad deben sentir que se están acercando a algo importante.

2. APRENDER

En el colegio no era muy estudioso pero siempre fui activo. Pasé de grado siempre sin problemas y ese es mi título. Mis armas eran las que se necesitan para pasar. Ni más ni menos. Pero el colegio brinda herramientas que después sirven para la vida, sobre todo a partir de la experiencia de convivir. Porque creo que el aprendizaje de la convivencia y el respeto mutuo con los pares son más importantes que el estudio en sí mismo.

Salvo en un momento en que quería ser preparador físico no recuerdo haber tenido un interés simultáneo al del fútbol. A los 16 años entrenaba en Tercera, a los 17 empecé a jugar en Primera, a los 18 en la Selección. El camino me fue llevando. El colegio fue una etapa importante, pero ya en primer año un profesor me preguntó qué quería ser de grande y le dije jugador de fútbol. Volvió a preguntarme y le dije lo mismo.

Si se me ocurre imaginar un mundo sin fútbol, aunque eso para mí sea el fin del mundo, estoy absolutamente convencido de que me reinventaría como persona. Seguiría cualquier luz que viera a lo lejos para hacerlo. Porque si algo tengo es iniciativa. No me quedaría quieto. Seguramente buscaría algo para competir, para disputar con mis mejores armas aquello que esté en juego.

LO QUE MÁS ME INTERESA DE LA COMPETENCIA ES LA PASIÓN PARA AFRONTARLA. DESDE LA INFANCIA SENTÍ ESO. MI HERMANA NATALIA SE ACUERDA DE CUANDO ÉRAMOS CHICOS Y JUGÁBAMOS A *TITANES EN EL RING*.

Cuando se ve el esfuerzo físico del fútbol se puede pensar que se trata de algo primitivo. Pero no es solamente un grupo de personas compitiendo contra otro grupo de personas. Es algo más sofisticado. El fútbol representa un montón de cosas. Este deporte es más que fútbol. Es un sistema muy complejo y muy popular, que incluye nobleza, pasión, competencia, dinero, poder, figuras públicas, etc.

Lo que más me interesa de la competencia es la pasión para afrontarla. Desde la infancia sentí eso. Mi hermana Natalia se acuerda de cuando éramos chicos y jugábamos a *Titanes en el ring*. Yo siempre quería ser Karadagián, que era el "Campeón del Mundo" y el dueño del circo. Todos querían ser el Caballero Rojo o La Momia, pero yo me identificaba con el líder que, además, era el creador de todos los personajes.

YO NO COMPETÍA POR EL LIDERAZGO.
NO HAY COMPETENCIA PARA LIDERAR.
AL LÍDER LO ELIGEN QUIENES LO
RODEAN Y ES IMPOSIBLE HACERSE DE
ESE LUGAR SIN ESA ELECCIÓN.

Cuando estaba en quinto grado me pusieron de "director de orquesta" con pibes de séptimo grado. No sé qué vio en mí el profesor pero me eligió para llevar la batuta. Sin embargo, yo no competía por el liderazgo. No hay competencia para liderar. Al líder lo eligen quienes lo rodean y es imposible hacerse de ese lugar sin esa elección. En todo el mundo hay escuelas de liderazgo y personas que desde muy jóvenes lo estudian, pero eso debe estar acompañado de un liderazgo natural. Si no es natural, se nota.

FORMARSE PARA COMPETIR

En mi horizonte mental me veía compitiendo. No le tenía miedo a nada. Creo que para llegar a un lugar determinado en cualquier faceta de la vida, la primera condición es no tener miedo y prepararse para lo que se planteó como objetivo. Y yo siempre supe lo que quería. Lo supe hasta por detalles que ahora cuento como anécdotas.

PARA LLEGAR A UN LUGAR
DETERMINADO EN CUALQUIER FACETA
DE LA VIDA, LA PRIMERA CONDICIÓN
ES NO TENER MIEDO Y PREPARARSE
PARA LO QUE SE PLANTEÓ
COMO OBJETIVO.

Recuerdo una vez, cuando a los 12 años alcanzaba pelotas en Vélez y el árbitro me expulsó. Fue en un Vélez-Boca. En una jugada de anticipación, Gatti cortó un ataque de Vélez como si fuera un defensor central, tiró la pelota y quedó lejos de su arco. Yo agarré rápido la pelota y se la pasé a Vanemerak para que Vélez hiciera el lateral con ventaja pero el árbitro paró el partido y me echó. Entonces, ya a los 12 años, yo no estaba alcanzando pelotas sino jugando al fútbol. Explicarlo con palabras me aleja mucho de ese momento, pero lo que más o menos sentí fue que pensaba como un futbolista y no como un alcanzapelotas.

JUGAR AL FÚTBOL ES COMO VIVIR, PORQUE PARA VIVIR TAMBIÉN HAY QUE CONECTAR LO INDIVIDUAL CON LO COLECTIVO.

Todavía lo estoy viendo a Vanemerak viniendo desesperado a sacar y me acuerdo que el partido iba apretado: 1-1. Pude haberlo definido con mi "jugada". Yo estaba en la Platea Norte, cerca del arco.

Vélez fue mi educación deportiva. No tuve la posibilidad de jugar muchos años allí pero estoy eternamente agradecido de haberme formado en su escuela. Los utileros, los compañeros que tuve, los entrenadores: de todos aprendí algo. Tuve maestros como Oscar Nessi y Oscar Berra, que me descubrió en Estrella de Oro. También conocí al Tano Calvanese, un delantero italiano que empezó a darme mucha confianza dentro del rol que tenía en el equipo juvenil y que me preparó para los momentos que iban a llegar.

UNO FUNCIONA COMO LA PIEZA DE UNA MÁQUINA, PERO LA PRESTACIÓN DE LA PIEZA NO VALE NADA SI ESTÁ SUELTA.

De esos años recuerdo un episodio hermoso. Estábamos en juveniles jugando un partido contra una categoría mayor y el técnico de la Primera era Victorio Spinetto, que además de ser un prócer del fútbol ya era un hombre de unos 70 años. Yo era chico, estaba en la categoría Octava. En medio del juego, Spinetto para el partido y me dice: "¡Simeone! Venga". Voy hasta la mitad de la cancha, donde estaba parado él

y entonces me pregunta cuántos años tengo. "Catorce", le digo. Entonces me dice: "Usted en dos años va a
llegar a Primera". Por lo que pasó después tengo que
decir que el hombre veía el futuro.

**HABER JUGADO CON CHICOS MÁS
GRANDES ME HIZO CONVIVIR CON LA
SITUACIÓN DE TENER QUE RAZONAR,
DE OBLIGARME A PENSAR.**

En los años de formación, el futbolista tiene por
primera vez la experiencia de resolver cómo se co-
necta el juego individual con el colectivo. Jugar al
fútbol es como vivir, porque para vivir también hay
que conectar lo individual con lo colectivo. Por primera vez, durante mi formación en Vélez, empecé a
tener conciencia de lo que es un objetivo de conjunto y a prestarle atención a las funciones que compo-
nen un sistema colectivo. Ahí uno funciona como la
pieza de una máquina, pero la prestación de la pieza
no vale nada si está suelta.

Las primeras organizaciones tácticas que aprendí fueron el 4-3-1-2, con la figura del enganche y los
delanteros más o menos por afuera; y el 4-3-3, que

era un poco el sistema de la época, con dos chicos por los costados, el 9 bien fijo y tres en el medio: el 8, el 5 y el 10. Los números no variaban. En ese esquema yo jugaba siempre de 5. No sé si ya tenía claro el mapa completo del juego. Me estaba formando, aprendiendo de lo que me enseñaban cada día. Pero sin dudas tuve suerte porque desde que empecé a jugar en infantiles hasta llegar a la Primera, menos de arquero, jugué en todos lados: de 2, 6, 4, 3, 8, 5, 9... ¿Por qué? Porque se fue dando de esa manera.

SIEMPRE PENSÉ MÁS HACIA ADELANTE QUE HACIA ATRÁS.

En un momento faltó un lateral derecho y me pusieron de lateral en un partido de Primera contra Racing. Faltaban veinte minutos y tenía que atacar. De chico había jugado de central dos veces porque había faltado un central. Pero además de jugar de cualquier cosa jugaba mucho. Cuando estaba en infantiles eran siete partidos por fin de semana. Los viernes, en un torneo que había para mi categoría y para más grandes. El sábado participaba en cuatro partidos para mi categoría. Esto era en un club, pero después también jugaba en otro club a la tarde. En Estrella de Oro, los domingos a la mañana para dos categorías. Y los domingos a la noche jugaba en General Paz, también para dos categorías. Era feliz.

Haber jugado con chicos más grandes me hizo convivir con la situación de tener que razonar, de obligarme a pensar. Porque ellos eran más fuertes que yo y tenía que enfrentarlos. No es solamente en la calle que se aprende a luchar con los más grandes. Eso me hizo más competitivo. También está presente en esos años una especie de estructura mental que me dio el Tano Calvanese en las inferiores de Vélez, cuando decidió ponerme de volante central con el 4-3-3 con el que hoy juegan muchos equipos. Ahí empecé a abrir la cabeza sobre cómo tenía que jugar.

ES COMO CAZAR. EN UN SEGUNDO SE FUE LA PRESA Y SE ACABÓ LA OPORTUNIDAD. NO ES CUALQUIER SEGUNDO.

Siempre pensé más hacia adelante que hacia atrás. Aunque en el final de mi carrera parecía más un mediocampista de marca que de juego, en realidad siempre fui un mediocampista de llegada antes que defensivo. Lo hacía de chico. Cuando el juego iba hacia la derecha, yo jugaba hacia los espacios libres de la izquierda. Tuve una virtud en mi historia como futbolista, que trato de volcarla en los chicos de hoy, y es la de jugar sobre los espacios.

LA VIDA TAMBIÉN ESTÁ ORGANIZADA POR SITUACIONES EN LAS QUE SE PRESENTA UNA OPORTUNIDAD QUE HAY QUE APROVECHAR, AUNQUE NUNCA CON UNA VELOCIDAD TAN EXTREMA COMO LA DEL FÚTBOL.

Pero también es cierto que a los espacios hay que saber percibirlos. Eso tiene que ver con la inteligencia y con la percepción del jugador. No estoy seguro de que eso se aprenda. Más bien se vincula con la intuición, porque por más que se lo quiera enseñar se trata de un instinto. Es como cazar. En un segundo se fue la presa y se acabó la oportunidad. No es cualquier segundo. Si esto lo relacionamos con cualquier aspecto de la vida, vamos a advertir que la vida también está organizada por situaciones en las que se presenta una oportunidad que hay que aprovechar, aunque nunca con una velocidad tan extrema como la del fútbol.

SI LA ATENCIÓN ESTÁ EN UN LADO, LA DISTRACCIÓN ESTÁ EN EL OTRO.

Las situaciones en las que hay que tomar una decisión se resuelven con movimientos basados en la inteligencia. Me acuerdo de que en el Atlético de Madrid de 1995-96, en la temporada en que hice doce goles y salimos campeones, teníamos mucho juego por la derecha. Entonces, yo llegaba por la izquierda. Es un consejo que les doy a los futbolistas que veo con virtudes de llegar bien sobre los espacios libres. Ellos quieren jugar con la pelota porque, obviamente, envuelve, es atractiva, pero en muchos momentos del juego, como decía antes, la pelota no es el principal objetivo. Para los que son llegadores, que juegan bien sobre los espacios, es mejor entrar por el lado contrario al que se desarrolla el juego. Si la atención está en un lado, la distracción está en el otro. Son como dos hemisferios: de un lado, la atención; del otro, la desatención. Fue a partir de romper por el sector contrario al del juego que en aquel año hice una buena cantidad de goles.

Eso era una maniobra estratégica de un jugador maduro, pero me gusta relacionarlo con lo que me pasaba desde chico, y que nunca dejó de ocurrirme, y es que siempre tuve una muy buena lectura de los espacios a través del instinto y la intuición.

Cuando me tocó jugar en varios puestos durante mis años de formación, aprendí algo más que la cuestión de las posiciones. Aprendí ese rasgo de cooperativismo que tiene el juego. Si jugaba un partido de marcador de punta derecha y después volvía a jugar de volante, tenía un mejor conocimiento de lo que el lateral siente cuando pasa al ataque. La experiencia de conocer qué piensan y sienten los demás es muy valiosa cuando hay un objetivo grupal. Eso me dio más herramientas para jugar y para entrenar.

LA EXPERIENCIA DE CONOCER QUÉ PIENSAN Y SIENTEN LOS DEMÁS ES MUY VALIOSA CUANDO HAY UN OBJETIVO GRUPAL.

Soy agradecido con la posibilidad que tuve de haber pasado por tantas posiciones dentro del campo y de poder intuir distintas situaciones ante la necesidad de dar un pase. Por haber tenido una carrera de mediocampista es evidente que cuento con más elementos de este puesto que de delantero. Pero como también jugué alguna vez de delantero, aunque solo un ratito, sé lo que puede hacer el delantero. Sé lo que puede y no puede hacer, y también sé cuándo quiere y cuándo no quiere hacerlo.

EL ESFUERZO SIEMPRE SE PREMIA. HOY, EN LAS CANCHAS DE TODO EL MUNDO, SE VE EL DISGUSTO DE LOS HINCHAS CUANDO LOS DELANTEROS NO VUELVEN, Y EL PLACER QUE LES DA VERLOS COMPROMETIDOS.

Por inercia, al delantero se le ha atribuido el papel del que no tiene que hacer esfuerzos para que pueda tener la cabeza despejada y juegue mejor. Como es el que hace los goles, se da por supuesto que necesita esforzarse menos. Yo me rebelo ante esa situación porque es muy difícil jugar sin esfuerzo colectivo. Si un miembro de cualquier grupo no se esfuerza a la altura de sus pares, ¿dónde está su compromiso?, ¿dónde está su solidaridad?, ¿dónde está su pertenencia?

El esfuerzo siempre se premia. Hoy, en las canchas de todo el mundo, se ve el disgusto de los hinchas cuando los delanteros no vuelven, y el placer que les da verlos comprometidos. Para formarlos en la convicción del sacrificio son fundamentales los entrenamientos, eso que el simpatizante por lo general no ve pero que es el laboratorio donde comienza a suceder todo. El trabajo del futbolista sucede a la vista de todo el mundo, a la vista de las miles de personas que los ven en la cancha y los millones que los ven por televisión. Pero las cosas comienzan a gestarse en el entrenamiento, donde el futbolista se prepara, se esfuerza y progresa. Son todos aspectos invisibles que están afuera del espectáculo.

LAS COSAS COMIENZAN A GESTARSE EN EL ENTRENAMIENTO, DONDE EL FUTBOLISTA SE PREPARA, SE ESFUERZA Y PROGRESA. SON TODOS ASPECTOS INVISIBLES QUE ESTÁN AFUERA DEL ESPECTÁCULO.

3. EMOCIONAR

Todos nos preparamos para enfrentar hechos que sabemos que van a suceder. Pero ¿qué es lo que se puede lograr en la preparación previa de esos hechos para enfrentarlos de la mejor manera? En el fútbol, hay que tratar de incidir en la parte emocional del juego. Es fundamental descubrir el lado emocional del jugador para que responda al compromiso desde su amateurismo y se olvide de que es un profesional. Es necesario crearle un ambiente para que juegue a la pelota y quiera crecer como futbolista.

ES FUNDAMENTAL DESCUBRIR EL LADO EMOCIONAL DEL JUGADOR PARA QUE RESPONDA AL COMPROMISO DESDE SU AMATEURISMO Y SE OLVIDE DE QUE ES UN PROFESIONAL.

Todo aquello que no es entrenamiento, que sucede antes y después de él, es lo que lleva al futbolista a
darse cuenta de que está mejorando. Uno puede proponer un montón de ejercicios motivantes y está claro que, a partir de ellos, será un mejor entrenamiento.
Los ejercicios pueden ser extraordinariamente buenos, pero si el jugador no cuenta con un estado emocional positivo respecto del cuerpo técnico para el
que trabaja, la calidad del ejercicio da igual. Los es-
quemas y desarrollos diferentes y eficaces son los
que despiertan estados emocionales positivos a los
jugadores y su cuerpo técnico. Cuando unos y otros
nos relacionamos emocionalmente de una buena manera, se trabaja más y el trabajo se refleja mejor en el
momento de jugar.

LOS ENTRENAMIENTOS DIFERENTES Y EFICACES SON LOS QUE DESPIERTAN ESTADOS EMOCIONALES POSITIVOS A LOS JUGADORES Y SU CUERPO TÉCNICO.

En algún momento toca jugar por primera vez.
Yo debuté en Primera con Vélez contra Gimnasia y

Esgrima, en La Plata. Perdimos 2-1. Se había lesionado Cabrera, que era el 5, y tuve que entrar y marcar a Charly Carrió. Tengo el recuerdo de que jugué muy bien. No sentí para nada el shock del primer partido, el entorno o el clima. Nada. Me sigue pasando lo mismo hoy como entrenador. Soy el mismo pibe que entró a la cancha y sintió que no había nadie en las tribunas. Porque ese día para mí no había nadie, por lo menos nadie a quien le prestara atención. La cancha era un espacio donde se jugaba al fútbol. Nada más. Lo único que me obsesionaba era de qué manera podía competir contra el tipo que tenía enfrente y de qué manera podía ganarle. A lo lejos escuchaba un murmullo, pero el primer impacto que sentí con el juego profesional fue el deseo de querer jugar y demostrar que estaba preparado para eso.

ME SIGUE PASANDO LO MISMO HOY COMO ENTRENADOR. SOY EL MISMO PIBE QUE ENTRÓ A LA CANCHA Y SINTIÓ QUE NO HABÍA NADIE EN LAS TRIBUNAS.

Mi primer gol con Vélez fue contra Deportivo Español. Había ido al banco y se lesionó Alberto Gizzi. Estábamos perdiendo 2-0. El técnico me mandó a calentar, subí las escaleras en dirección a la cancha y salí. Pero, por la ansiedad, había salido cinco minutos antes que el resto de los jugadores. ¡Me quería morir! Me dio vergüenza estar solo y empecé a dar vueltas a la cancha. El gol fue una típica jugada de búsqueda de espacio. Deportivo Español tenía un buen equipo que achicaba hacia delante. El Turco García vino gambeteando desde la derecha hacia el medio y el equipo salió. Cuando vi que venía conduciendo la jugada, rompí la ley del *off side* y pasé de la posición de 5 a la de 9. Él metió la pelota en el espacio y yo corrí, me salió Catalano, lo gambeteé para afuera, le pegué de zurda e hice mi primer gol en Primera.

Yo no jugaba para nadie en especial, solo para ganar. Guardo el recuerdo de no haber mirado mucho el banco de suplentes. Lo único que tenía en mente era ganar el partido, siempre fui muy competitivo. Para mí era nosotros contra ellos. El ambiente externo era muy lindo, pero que hubiera mil personas o cien mil no me importaba.

YO NO JUGABA PARA NADIE EN ESPECIAL, SOLO PARA GANAR. TENGO EL RECUERDO DE NO HABER MIRADO MUCHO EL BANCO DE SUPLENTES.

El debut del futbolista es un momento crítico. Se trabaja mucho desde muy joven, se hacen numerosos sacrificios, se abandona una importante cantidad de cosas para llegar a ese momento. Pero uno debuta y después tiene que tratar de quedarse en ese escenario al que se llegó porque se juega bien a la pelota. El asunto es que no alcanza con el buen juego. Evidentemente, la regularidad, la constancia, el hecho de ser competitivo y entender los momentos claves y saber cómo manejarse, son aspectos vitales que muchas veces se dejan de lado pensando exclusivamente en el escenario del fútbol. No hay que perder de vista que todas esas cosas no futbolísticas que el futbolista tiene alrededor son tanto o más importantes que el partido que se juega el fin de semana.

LA REGULARIDAD, LA CONSTANCIA,
EL HECHO DE SER COMPETITIVO Y
ENTENDER LOS MOMENTOS CLAVES Y
SABER CÓMO MANEJARSE,
SON ASPECTOS VITALES QUE
MUCHAS VECES SE DEJAN DE LADO.

LLEGAR ES MANTENERSE

Mantenerse en lugares a los que cuesta llegar es una tarea difícil. Hay jugadores que tienen diez partidos en Primera y después desaparecen. Posiblemente no pueden mantenerse porque, mentalmente, no han crecido de una manera fuerte, sabiendo que es un juego en el que pueden desenvolverse bien o mal, ganar o perder. En todos los ámbitos existen buenos y malos momentos. A partir de esa realidad, uno tiene que encontrar una regularidad propia para sobreponerse a las circunstancias difíciles.

Ninguna persona es igual a otra frente a un mismo problema. Cada cual reacciona a su manera con su propia estrategia. Me acuerdo de que frente a las dificultades yo era tremendamente competitivo. Un pibe que a los 8 años venía a probarse en mi puesto, para mí era un "enemigo". No le hablaba, y si mis amigos se ponían a hablar con él, me enojaba con ellos. Pensaba que venía a sacarme mi lugar y me esforzaba para jugar cada día mejor. Pero eso que se manifiesta como bronca, después resulta beneficioso para todos, porque si uno se esfuerza, se juega mejor, y eso también repercute en el equipo. La competencia es útil para superarse personalmente y hacer todo lo que sea posible para beneficiar al conjunto. Tal vez, parece que estoy describiendo la mentalidad de un boxeador, porque competir tiene mucho que ver con la idea de que hay dos que se disputan un solo lugar. Hay una explicación para esto ya que, en realidad, más allá de ser un juego corporativo, el fútbol también es egoísta.

Cualquier organización colectiva está compuesta por individualidades. Los entrenadores tratamos de explotar la máxima riqueza de cada uno a favor del conjunto para que once individualidades conformen un equipo. Por eso es tan difícil formar equipos, porque es necesaria la competencia, siempre considerando que si momentáneamente un integrante del grupo no tiene trato con otro, eso no significa que vayan a tener una mala relación en el tiempo.

CUALQUIER ORGANIZACIÓN
COLECTIVA ESTÁ COMPUESTA
POR INDIVIDUALIDADES. LOS
ENTRENADORES TRATAMOS DE
EXPLOTAR LA MÁXIMA RIQUEZA DE
CADA UNO A FAVOR DEL CONJUNTO
PARA QUE ONCE INDIVIDUALIDADES
CONFORMEN UN EQUIPO.

Me tocó estar en un equipo en el que no me hablaba con un compañero. Pero entrábamos a jugar y yo lo cuidaba a muerte a él y él me bancaba a muerte a mí. Y no nos hablábamos. Entonces, existe la competencia, existen formas distintas de la personalidad, pero también debe existir lo más importante que tiene este juego, que es la solidaridad, ya sea para ganar o para perder.

Una vez que se alcanzó a ganar el puesto, sostenerlo implica riesgos. En uno de los primeros partidos en Primera con Vélez, me echaron. Fue con Newell's, en Rosario. Lo hice entrar a Gerardo Martino en una jugada dividida. Él jugaba muy bien sobre el espacio, pero chocamos y lo hice echar. Tenía 17 años.

Yo me estaba ganando el puesto en Vélez. Fue una jugada en la que el árbitro, que era Ricardo Calabria,
le sacó tarjeta roja a él y amarilla a mí. En la jugada
posterior me tiré a los pies de un contrario y el tipo
se tiró. Entonces Calabria me echó. Todo el esfuerzo
que había hecho para ser titular estaba en peligro. Yo
le pedía por favor que no me echara porque me iban
a quitar el puesto. Juro que eso fue lo que le dije. Obviamente me echó igual. Tuve la suerte de que no me
dieran fechas de suspensión y seguí jugando, pero la
experiencia me sirvió para saber que la constancia
es fundamental y que todas las herramientas hones-
tas que uno encuentre para mantenerse son válidas.
Hasta pedirle al árbitro que revea la expulsión.

DEBE EXISTIR LO MÁS IMPORTANTE QUE TIENE ESTE JUEGO, QUE ES LA SOLIDARIDAD, YA SEA PARA GANAR O PARA PERDER.

En la competencia, resulta fundamental saber que
uno tiene que ser más fuerte que el otro. Hay alguien
que compite por el lugar propio y las cosas se resuelven según la fortaleza de cada uno. No tengo dudas

de que en un determinado nivel todos juegan bien. La línea entre el que juega de titular y el que lo hace de suplente no es tan grande. Pero hay uno que es más fuerte mentalmente, que es más competitivo, que tiene más personalidad; y hay otro que hasta puede ser mejor técnicamente pero no tiene todos estos matices. Y sin esos matices, pierde el puesto.

EN LA COMPETENCIA, RESULTA FUNDAMENTAL SABER QUE UNO TIENE QUE SER MÁS FUERTE QUE EL OTRO. HAY ALGUIEN QUE COMPITE POR EL LUGAR PROPIO Y LAS COSAS SE RESUELVEN SEGÚN LA FORTALEZA DE CADA UNO.

LA PERSONALIDAD SUPERA LAS CRISIS

La primera materia de un buen jugador de fútbol es la personalidad. Porque talento tienen todos. Cuando me dicen: "Este juega bien", yo pregunto: "¿Y quién juega mal?". En una plaza de Palermo hay pibes que juegan bien, pero de eso solo no se nutre un futbolista. No todo es jugar bien. De lo contrario, un montón de personas que juegan en el barrio o en las plazas llegarían a Primera. La diferencia entre el que juega bien y el futbolista profesional es que este logra sostener los diferentes momentos críticos que tiene el fútbol.

A partir de los 15 años tuve la suerte de entrar en la Selección Argentina con Pachamé en juveniles y Bilardo en la mayor. Ellos me abrieron todavía más la cabeza con la idea de que no se debe jugar solamente en un lugar. Ellos también cambiaron esa cultura de los puestos fijos. Era un momento en que el 5 jugaba de 5, el 8 de 8, el 10 de 10. Cada número era un puesto fijo, pero en Europa ya se jugaba distinto. No al extremo de que un arquero jugara de 9, que es un argumento del viejo fútbol por el que 10 es 10 y el 9 es 9. Es obvio que al 9 no se lo va a hacer jugar de 2. Pero lo que resulta evidente es que en el fútbol, cuantos más jugadores sepan interpretar mayor cantidad de situaciones –y no solamente las que estén acostumbrados a resolver–, el equipo será mejor. Porque se lee lo que le pasa al otro, uno sabe lo que está sufriendo el otro y lo que necesita. Ahora, si uno solo se hace cargo de la posición que ocupa, el juego se vuelve muy individualista.

LA DIFERENCIA ENTRE EL QUE JUEGA BIEN Y EL FUTBOLISTA PROFESIONAL ES QUE ESTE LOGRA SOSTENER LOS DIFERENTES MOMENTOS CRÍTICOS QUE TIENE EL FÚTBOL.

Hay momentos en que resulta necesario aliviar las necesidades de otro. Eso es la solidaridad y es una experiencia universal. Todos pasamos alguna vez por la experiencia de ayudar a otro y, también, por la de ser ayudado. Según cómo suceden las cosas, un equipo, cualquier equipo de trabajo, necesita más de un jugador que de otro.

A partir de la posición que me tocó en el campo como jugador, se me ocurre que el mediocampista no deja nunca de ser importante. Si el equipo sufre defensivamente, es clave lo que haga el mediocampista. Algunos jugadores, en ese momento, se elevan y ayudan con los hechos. Si observamos bien, vamos a darnos cuenta de que cuando un equipo sufre hay un jugador al que se ve diferente de los demás. Es un momento en que el equipo se descontrola, a veces ni siquiera es posible saber por qué. Y entonces aparece alguien, que es siempre un jugador de características emocionales fuertes. Es el jugador de carácter. Porque, por lo general, en esos casos, la técnica no resuelve el problema, salvo que se trate de un jugador de carácter que además tiene técnica.

Desde este punto de vista, siempre hay alguien que es diferente y le contagia al resto un espíritu de superación y sufrimiento. Existe un umbral de sufrimiento distinto en cada persona. No todos tenemos el mismo. En el fútbol es igual. Algunos se quiebran y otros siguen sosteniendo el peso del partido en la peor situación.

En esos momentos uno se pregunta si verdaderamente se está jugando al fútbol, y la verdad es que sí, porque eso también es parte del juego. Son los pasajes más emotivos de un partido y es muy lindo ver a los jugadores que reaccionan contra el sufrimiento de su equipo. Viéndolo a Messi, que es el número uno indiscutible, pero que emocionalmente no expresa lo que puede transmitir un jugador más guerrero, es posible advertir que él es siempre uno de los que reacciona cuando al equipo no le va bien. Lo vemos todas las semanas. Es un tipo que desde su talento y personalidad termina solucionando él solo los problemas cuando entiende que los tiene que resolver. Es como si en medio del sufrimiento, él dijera: "Ahora voy y te gano el partido". Además del talento, Messi tiene personalidad y una gran sensibilidad para interpretar cuál es el momento en el que tiene que aparecer.

EXISTE UN UMBRAL DE SUFRIMIENTO DISTINTO EN CADA PERSONA. NO TODOS TENEMOS EL MISMO. EN EL FÚTBOL ES IGUAL. ALGUNOS SE QUIEBRAN Y OTROS SIGUEN SOSTENIENDO EL PESO DEL PARTIDO EN LA PEOR SITUACIÓN.

Una de las peores crisis que me tocó atravesar fue como entrenador de Racing. Fue mi debut como técnico y sucedió a una velocidad increíble. Un jueves era jugador de Racing y el domingo posterior, tres días más tarde, entré a la cancha como técnico. Era un mal momento. Nos jugábamos la categoría. Recuerdo que volvíamos de perder en Córdoba un domingo y era imposible sostener la situación. Todo el mundo creía que íbamos a renunciar. Pero en vez de renunciar decidimos concentrar al equipo desde ese mismo día. Hasta que no cumpliéramos el objetivo, que era salir de la zona de descenso, nadie salía de la concentración. Hablé con el club y me dieron la posibilidad de tener un hotel a disposición.

Éramos como un ejército en campaña. Yo era un técnico novato que había dirigido solo seis partidos.

¿Por qué decidí a hacer eso? Porque sabía que podíamos salir de esa situación. Estaba convencido, no lo hacía de cabeza dura. Conocía a mis compañeros porque había jugado con ellos. Veía que había un punto dentro del malestar en el que todos pensaban que no se podía estar peor. Llegar a ese punto es imprescindible para resurgir. Pero hubo que hacerles entender a los jugadores que para salir de situaciones difíciles es necesario sufrir. No se sale por inercia, nadie va a acudir al rescate. En vez de esperarlo, hay que nadar.

Los momentos de crisis son geniales. Son los mejores para el aprendizaje. Mi hermana me enseñó que no tenía que considerar el trabajo en Racing como un fracaso sino como aprendizaje. Tenía razón. Igual lo siento como un fracaso que me produce dolor. Pero algo queda de esas experiencias. Aprendí que asumir como propio un fracaso, aunque uno sepa que no es suyo, sirve para dar un corte a situaciones que más tarde pueden salirse de control. Sobre todo porque los jugadores dependen emotivamente de lo que dice el técnico.

LOS MOMENTOS DE CRISIS SON GENIALES. SON LOS MEJORES PARA EL APRENDIZAJE. MI HERMANA ME ENSEÑÓ QUE NO TENÍA QUE CONSIDERAR EL TRABAJO EN RACING COMO UN FRACASO SINO COMO APRENDIZAJE. TENÍA RAZÓN.

4. PERSEGUIR

A los 20 años me fui a jugar al Pisa. Ahí empezó a cambiar mi vida. Lo sufrió más mi familia que yo, porque iba detrás de una ilusión y cuando alguien se va, el que sufre es el que se queda. Antes había tenido una posibilidad de ir al Verona y lo postergué. Pero la idea de jugar en Europa ya estaba dando vueltas. No era un momento en el que fuese habitual que los chicos se incorporaran al fútbol europeo. Los equipos italianos tenían tres extranjeros y no era fácil que contrataran más.

Cuando apareció la oportunidad concreta de viajar a Pisa, mis viejos estaban en Mar del Plata de vacaciones. No había teléfonos para comunicarse desde cualquier lado como ahora. Yo estaba en la pretemporada con Vélez y paraba en la casa de mi tía. Me llamaron para hablar con un representante, que en ese momento era el enganche de la operación. Me dijeron que había una persona en Europa que me iba a llamar a una oficina para hacerme la oferta formal de ir a Pisa. Hablé con la persona que me llamó, me confirmó que existía la posibilidad de que me contrataran por tres años, pero que tenía una hora para pensarlo. ¡Una hora! Colgué y me quedé solo en la oficina, con 20 años.

No tenía manera de comunicarme con nadie. Empecé a pensar y me dije: "Me voy", y me fui. La decisión no me hizo sufrir porque fui ilusionado detrás de una obsesión. Cuando pude contarle a mi familia, ellos se sorprendieron pero yo estaba feliz de la vida. El ofrecimiento llegó un martes y el domingo ya estaba viajando. Armamos una despedida muy rápida y, casi sin darme cuenta, salí para el aeropuerto, solo, porque mi representante estaba en Europa.

LA DECISIÓN NO ME HIZO SUFRIR PORQUE FUI ILUSIONADO DETRÁS DE UNA OBSESIÓN. CUANDO PUDE CONTARLE A MI FAMILIA, ELLOS SE SORPRENDIERON PERO YO ESTABA FELIZ DE LA VIDA.

En el vuelo de Roma a Pisa, el intermediario que me había ido a buscar me enseñó cuatro frases en italiano para que pudiera decir algo. El aeropuerto de Pisa estaba lleno. Me gritaban "¡Pablo!" y no Diego, para no relacionarme con Maradona. Di una conferencia haciéndome el italiano y, cuando terminé, el intermediario me dijo que había dicho cualquier verdura. Vino a buscarme el entrenador y nos fuimos a la montaña, donde me dieron una habitación que compartiría con otro chico. Al día siguiente ya estaba entrenando.

Todas estas cosas, desde el momento que me ofrecieron viajar a Pisa y mi primer entrenamiento en la montaña, ocurrieron de una semana a la otra. No conocía el idioma, aunque tampoco es muy difícil. Pero estaba muy seguro de mí porque confiaba en la base que me habían dado Vélez, mi abuela, mi vieja y mi viejo. Me sentía fuerte. En esa primera etapa en Europa pude asentarme por tozudez, persistencia, continuidad y obsesión, lo que me llevó a una situación que a partir de ahí siempre pude afrontar naturalmente.

En Italia empecé extraordinariamente bien. El primer partido ganamos de visitante y después ganamos la Copa del Rey. En el primer encuentro de local hice un gol buenísimo contra el Lecce. Iba marchando todo de manera genial. En esa época venía mi viejo y se quedaba un mes, y, más tarde, en verano, llegaba junto con mi vieja. El primer año estuve muy acompañado por la familia. En la segunda temporada me lesioné el quinto metatarso. Yo seguía en una etapa de crecimiento, era un pibe, y los primeros momentos en una liga tan exigente fueron complicados. Pero lo que había aprendido en la Selección y en Vélez, y sobre todo mi forma de juego, hicieron que me adaptara rápido y no sufriera demasiado el cambio.

ESTABA MUY SEGURO DE MÍ PORQUE CONFIABA EN LA BASE QUE ME HABÍAN DADO VÉLEZ, MI ABUELA, MI VIEJA Y MI VIEJO. ME SENTÍA FUERTE.

Para mí, la liga italiana de ese tiempo era como Hollywood. Estaban los jugadores que más admiraba. Me tocó jugar contra el Napoli de Diego Maradona. Fue un partido distinto. En el momento en el que todos estábamos en el túnel, antes de salir a la cancha, Diego no estaba. Era el capitán y el primero de la fila, pero llegó último, saludando a uno por uno. Transmitía poder. Diego caminaba de un modo que no era el de un futbolista. Era otra cosa. Es difícil contarlo porque los sentimientos son diferentes a las palabras. Pero sin dudas transmitía poder y personalidad cuando se acercaba con ese paso cansino. Me saludó y también me puteó dentro de la cancha por una patada que le di en el primer tiempo.

DIEGO ERA EL CAPITÁN Y EL PRIMERO DE LA FILA, PERO LLEGÓ ÚLTIMO, SALUDANDO A UNO POR UNO. TRANSMITÍA PODER. DIEGO CAMINABA DE UN MODO QUE NO ERA EL DE UN FUTBOLISTA. ERA OTRA COSA.

5. DISPUTAR

Entrar en el túnel que conduce a la cancha es uno de los mejores momentos del fútbol. Es como un viaje al futuro. Siempre digo que en ese momento puede explotar una bomba a cien metros que yo no la escucho. Estoy enfocado en el espacio, en el lugar, en el momento, en el olor, en el ruido de los tapones contra el piso, en la mirada de los jugadores, en cómo el cuerpo se va preparando para competir. Algunos compañeros llegaban a ese espacio del túnel y les gustaba hacer un chiste. Yo no, llegaba concentrado. Ya en la siesta fantaseaba con ese momento. Imaginaba lo que quería del partido: un gol, una trabada, ir ganando terreno, ser más fuerte que el otro.

ENTRAR EN EL TÚNEL QUE CONDUCE A LA CANCHA ES UNO DE LOS MEJORES MOMENTOS DEL FÚTBOL. ES COMO UN VIAJE AL FUTURO. EN ESE MOMENTO PUEDE EXPLOTAR UNA BOMBA A CIEN METROS QUE YO NO LA ESCUCHO.

Para mí, el partido era una "guerra" y mi sentimiento era que tenía que "matar" al rival, ambas palabras en sentido figurado, por supuesto. Yo necesitaba correr más que el contrario, tenía que ser más fuerte que él. Empezaba a querer el triunfo del partido deseando ganar el duelo que tenía contra el jugador con el que me tocaba enfrentarme directamente. Porque siempre hay un contrario con el que se disputa el espacio. Y mi idea era que la ayuda que le podía dar a mi equipo empezaba cuando podía adueñarme de ese espacio de duelo que teníamos ese rival y yo. Si vencía en el enfrentamiento, estaba convencido de que ayudaba a mi equipo a ganar el partido.

El fútbol, como ya dije, no es solamente el fútbol: es la preparación, la forma en la que se enfrenta el partido mucho antes de que suceda, la manera en la que uno se decide a expresar en el campo lo que se siente en relación con el juego. Como técnico, trato de transmitir a mi equipo estas particularidades porque estoy convencido de que se trata de una ayuda para su vida. Porque en realidad, muchas situaciones del fútbol se relacionan con la vida.

PARA MÍ, EL PARTIDO ERA UNA "GUERRA" Y MI SENTIMIENTO ERA QUE TENÍA QUE "MATAR" AL RIVAL, AMBAS PALABRAS EN SENTIDO FIGURADO, POR SUPUESTO.

Algunas veces, cuando era jugador, sentía que entraba a la cancha para resolver un problema. No es que me imaginara que la solución de ese problema dependía exclusivamente de mí, ya que eso depende del equipo. Pero sí me sentía responsable por lo que pasara, porque siempre tuve un lugar especial dentro del juego. Especial, no determinante. La primera responsabilidad que hay que asumir es la de resolver el duelo personal, el partido propio. La primera ayuda para el equipo es en esa escala de uno contra uno. No creo que el que se esfuerza por rendir bien sea egoísta, porque no veo otra forma de colaborar de modo colectivo que no sea a partir del buen desempeño individual. Si esto ocurre es difícil que no ayude al equipo. Es con su *performance* que él puede adueñarse del partido, y cuantos más jugadores adueñados del partido tenga un equipo, cuanta más gente sume dentro de ese núcleo de los que se sienten dominantes, mejor va a ser el rendimiento colectivo.

NO CREO QUE EL QUE SE ESFUERZA POR RENDIR BIEN SEA EGOÍSTA, PORQUE NO VEO OTRA FORMA DE COLABORAR DE MODO COLECTIVO QUE NO SEA A PARTIR DEL BUEN DESEMPEÑO INDIVIDUAL.

LA TENSIÓN ACERCA AL OBJETIVO

Relaciono el juego del fútbol con el boxeo, con la pelea de la calle. En ambos casos siempre hay un momento en el que alguien transmite miedo en los ojos y en el cuerpo. El miedo se ve, tanto en el otro como en uno, si se lo está sintiendo. En el fútbol es exactamente lo mismo. Cuando el rival intuye que está transmitiendo miedo, se aprovecha sin piedad. No es que sea más fuerte que el rival, es que supo infundir temor. Es algo que no tiene que ver con hacerse el guapo sino con ser guapo a nivel mental. Quizás, darle miedo al adversario consiste simplemente en que este perciba que uno no tiene miedo. Antes de los partidos, yo nunca sentí miedo. Ni como jugador ni como entrenador. Tengo, sí, una sensación de inquietud, y eso me gusta. Si no la siento, me preocupo. Me pasa en todos los partidos.

EL MIEDO SE VE, TANTO EN EL OTRO COMO EN UNO, SI SE LO ESTÁ SINTIENDO.

Para obtener algo hay que estar en tensión. Lo que ocurre es que hay un estado de tensión que bloquea y otro que potencia. Antes de salir campeones con el Atlético en el último partido de la liga 2014 contra el Barcelona, en el Camp Nou, yo veía a mis jugadores en un estado de tensión positiva. Los pibes estaban nerviosos, inmersos en la situación de dificultad que les presentaba el partido. No todos los partidos conducen a ese estado. Cuando toca enfrentar rivales de menor peso que el Barcelona, las cosas son más naturales y disminuye el nerviosismo. Pero es frente a las dificultades más grandes que aparece lo mejor del jugador de carácter. Nunca se va a estar mejor ni a rendir tanto como en ese estado de tensión positiva. Es un momento en el cual resulta posible encontrar la mejor versión y dejar atrás la tensión que bloquea.

ANTES DE LOS PARTIDOS, YO NUNCA SENTÍ MIEDO. NI COMO JUGADOR NI COMO ENTRENADOR. TENGO, SÍ, UNA SENSACIÓN DE INQUIETUD, Y ESO ME GUSTA. SI NO LA SIENTO, ME PREOCUPO. ME PASA EN TODOS LOS PARTIDOS.

Antes de jugar un partido importante uno se da cuenta de cómo están los jugadores. Se les nota enseguida. Los veo caminar y ya está. Un día, un colaborador del cuerpo técnico me dijo que estaba preocupado porque los veía muy tensos a todos. Y yo le dije: "¡Están bárbaros!". Tenían una tensión buena.

UN DÍA, UN COLABORADOR DEL CUERPO TÉCNICO ME DIJO QUE ESTABA PREOCUPADO PORQUE LOS VEÍA MUY TENSOS A TODOS. Y YO LE DIJE: "¡ESTÁN BÁRBAROS!". TENÍAN UNA TENSIÓN BUENA.

Pero hay veces que eso se invierte. En otro partido contra el Barcelona, que perdimos 2-1, empezamos muy bien. Mantuvimos nuestro juego casi la totalidad del tiempo, pero durante diez minutos nos fuimos del partido y le dimos al rival la posibilidad de bloquearnos anímicamente. El Barcelona leyó eso y con los jugadores que tienen nos hicieron dos goles seguidos. Eso indica que el partido siempre se resuelve emocionalmente.

Ese fue un partido de dos etapas. En la primera logramos ponernos 1-0 arriba, pero yo estaba mal porque veía que no levantábamos para hacer el segundo. En la segunda, les tocó a ellos y se dispusieron a ganar el partido. A partir de ahí, el trámite cambió totalmente y las cosas empezaron a suceder en otro régimen emocional. Hay un momento dentro de los noventa minutos que es determinante, y ese momento es emocional. En realidad, en el fútbol hay muchos partidos dentro de un mismo encuentro. Esa dinámica es clave en el juego.

EN CADA PUERTO UNA CAMISETA

Desde muy joven me mudé muchas veces y creo que me pude adaptar a cada lugar por mi entusiasmo y el entorno. Al principio me dieron la posibilidad de estar acompañado, pero un día hizo falta volar; aunque sea difícil encontrar el momento adecuado, es fundamental hacerlo.

Siempre tuve que adaptarme a situaciones importantes que iban apareciendo. Del Pisa fui al Sevilla, con Bilardo y Maradona, que volvía muy bien porque necesitaba llegar al Mundial 94. Bilardo me conocía y me llamó. Fue el primer club que dirigió después del Mundial 90. Dije que sí, sin dudarlo un segundo. Y cuando nos enteramos de que venía Diego no lo podía creer. Era algo especial para mí, que tenía 22 años y había crecido viéndolo jugar. Fue un sueño tenerlo con nosotros.

Maradona, Oscar Ruggeri, los jugadores campeones del mundo con los que conviví desde muy joven en la Selección Argentina me fueron marcando la personalidad. No hacía falta que dijeran nada. Se aprendía mirando los hechos que protagonizaban dentro de la cancha y del vestuario. Ellos marcaban, con esos hechos, lo que había que hacer en situaciones concretas, respetando al grupo más allá de cualquier cosa. Pasaron muchos años y ningún jugador que lo haya tenido de compañero es capaz de hablar mal de Diego. Era un gran compañero. Yo tengo grandes recuerdos de él que no me los olvido más y que fueron muy importantes en mi camino de crecimiento, cuando mi familia empezó a despegarse de mí después de los primeros años.

Jugar al lado de Diego era el paraíso. Con los tipos que piensan rápido es más fácil jugar. Con ellos hay una conexión cuando se atacan los espacios. Es como que están en la cabeza del compañero y desde ahí dentro leen lo que uno va a hacer. Está claro que si un jugador se va al espacio lo hace marcando el pase, pero si el que va a descargar está en la cabeza de su compañero y empieza a imaginar antes lo que él va a hacer, las posibilidades de progreso en el juego son muy altas. Y en eso, Diego era diferente. Fue el mejor de todos los grandes futbolistas con los que me tocó jugar. Él y, también, la Brujita Verón, que era un lector perfecto de las situaciones de juego.

LOS JUGADORES CAMPEONES DEL MUNDO CON LOS QUE CONVIVÍ DESDE MUY JOVEN EN LA SELECCIÓN ARGENTINA ME FUERON MARCANDO LA PERSONALIDAD. NO HACÍA FALTA QUE DIJERAN NADA. SE APRENDÍA MIRANDO LOS HECHOS QUE PROTAGONIZABAN DENTRO DE LA CANCHA Y DEL VESTUARIO.

El modo en que Diego absorbía las tensiones y las responsabilidades de un partido era único. Yo sentía que estando con Diego en el campo, estuviéramos jugando bien, mal o regular, algo podía pasar. Si él jugaba siempre podíamos ganar, muchas veces al margen de las circunstancias. Porque una sola jugada de él podía invertir un trámite negativo. Transmitía eso que pocos futbolistas logran. Con él podíamos ganar siempre. Parece una frase hecha, pero ejemplifica su poder, el hecho de tener una carta más que el rival para poder emplearla y cambiar la realidad.

EL MODO EN QUE DIEGO ABSORBÍA LAS TENSIONES Y LAS RESPONSABILIDADES DE UN PARTIDO ERA ÚNICO. YO SENTÍA QUE ESTANDO CON DIEGO EN EL CAMPO, ESTUVIÉRAMOS JUGANDO BIEN, MAL O REGULAR, ALGO PODÍA PASAR.

Digo poder y me pregunto: ¿qué es el poder en el fútbol? Es un poder por el que alguien es capaz de hacer cosas que otras personas no son capaces de hacer.

Ocurre con los jugadores diferentes aunque, evidentemente, hay pocos futbolistas que tengan tanto
poder como los casos de Maradona o Lionel Messi.
Son grandes futbolistas con personalidad, que con-
tagian y le hacen saber, a los compañeros y a los rivales, que el mazo tiene una carta más.

¿QUÉ ES EL PODER EN EL FÚTBOL? ES UN PODER POR EL QUE ALGUIEN ES CAPAZ DE HACER COSAS QUE OTRAS PERSONAS NO SON CAPACES DE HACER. OCURRE CON LOS JUGADORES DIFERENTES.

Después del Sevilla me fui al Atlético de Madrid.
El primer año fue malo. El segundo año cambió el entrenador y tuvimos lo más importante que hay en
cualquier equipo de calidad: buenos futbolistas. Lle-
garon José Francisco Molina, que era un excelente arquero; Luboslav Penev, que era un delantero extraordinario; Milinko Pantic, que nos dio una mano en el
medio. El entrenador potenció mucho la posición de
José Luis Caminero y la mía en el medio del campo, una decisión que me llevó a meter gran cantidad

de goles. Se formó un grupo de pocos jugadores pero muy fuerte y rompimos la hegemonía del Real Madrid y del Barcelona, que eran los que ganaban siempre, y por un rato nos metimos en medio de ellos.

Después fui al Inter. La primera temporada ganamos la Europa League, que en su momento era la UEFA, y salimos segundos con un campeonato controvertido a partir de un escándalo de la Juventus. Ahí tuve de compañero a Ronaldo durante dos años. En el primero estuvo más estable porque no tuvo lesiones y la rompió. Él es otro de los jugadores de los que se puede decir que tenía algo más que el resto, algo que no es solo talento.

Estuve dos años en el Inter y me fui a la Lazio, donde me quedé cuatro años. No me quería ir del Inter porque estaba muy bien, pero no tuve opción. Llegó Christian Vieri como parte de pago mío a la Lazio, y me encontré con un equipo espectacular. Una ciudad con muchos argentinos y un equipo que venía de haber perdido, el año anterior, la liga en la última fecha. El técnico era Sven-Göran Ericsson, un líder especial. Los jugadores eran estupendos. No había ningún poderoso, pero sí muchos muy buenos. Ganamos la liga, la Supercopa de Europa, la Supercopa de Italia y nos faltó la Champions.

Todo este recorrido fui capaz de hacerlo porque me pude adaptar a cada lugar en el que estuve, a los nuevos ambientes, a los nuevos clubes y a los nuevos compañeros. Cada camiseta era una exigencia nueva, pero yo me había preparado desde joven para esa vida de nómada que es la del futbolista profesional. Las oportunidades nos guían y no es posible aprovecharlas si no estamos dispuestos a hacer un sacrificio.

LAS OPORTUNIDADES NOS GUÍAN Y NO ES POSIBLE APROVECHARLAS SI NO ESTAMOS DISPUESTOS A HACER UN SACRIFICIO.

EL AMATEURISMO DEL PROFESIONAL

Es extraño lo que pasó con mi carrera porque nunca se me identificó con un equipo argentino. Posiblemente porque en Vélez estuve de muy chico, de 1987 a 1990, y entre 1990 hasta 2005 jugué en Europa. Hasta que volví y jugué en Racing solo un año y medio. Por este itinerario creo que en la Argentina se me vinculó siempre con la camiseta de la Selección, mientras que en Europa se me relacionó con el Atlético de Madrid, donde en todas las etapas de las que participé sentí la pertenencia a la camiseta y la gente se sintió muy identificada conmigo.

LO QUE EL JUGADOR AMA ES EL FÚTBOL. EN SEGUNDO LUGAR APARECE LA CAMISETA. SE TERMINA AMANDO LA PROFESIÓN Y, DONDE SEA QUE SE ESTÉ, ESTO SE TRANSMITE CON PASIÓN. EL AMATEURISMO ES LA FUERZA CLAVE DEL JUGADOR PROFESIONAL.

Los hinchas suelen pedirle al jugador que sea más amateur. Quieren ver un sacrificio porque suponen que el jugador siente la camiseta tanto como ellos. Y yo siempre fui profesional pero sentí profundamente el amateurismo. Sin embargo, lo que el jugador ama es el fútbol. En segundo lugar aparece la camiseta. Se termina amando la profesión y, donde sea que se esté, esto se transmite con pasión. El

amateurismo es la fuerza clave del jugador profesional. Lo de jugar por la camiseta es una manera
de decir. Yo creo que jugué por la gente que a mí me
quería. En casi todos los equipos en los que estuve
me identifiqué con algo. No es que solo pasé por los
clubes.

El amor a la camiseta es difícil que se dé en estos tiempos. Tal vez en el Barcelona se puede hablar
de un amor a la camiseta porque hay una estructura que sostiene a los jugadores propios. Pero en el
Real Madrid, por dar un ejemplo contrario, son más
consumistas. Antes, los clubes producían sus propios jugadores y los mantenían en el tiempo. Pero
los tiempos cambiaron.

6. CONTROLAR

Al campo de juego se lo puede imaginar como un espacio dividido en distintas geografías. Hay lugares de dificultad y lugares de abismo. Con palabras más futboleras, hay lugares de riesgo, lugares de preparación y lugares de movimiento. No en todos ellos se juega de la misma manera. Sobre todo en los de riesgo, que son aquellos cercanos a la propia área. Mi idea es correr el menor riesgo posible dentro de un juego que se basa en el error del rival. Porque más allá del talento individual y del juego de equipo que pueda proponerse, la mayoría de las veces los goles vienen por errores del rival.

Cuando se gesta un error, porque también es cierto que el error rival se puede forzar, aparece una posibilidad de gol y normalmente ese error sucede en las cercanías de las áreas.

MÁS ALLÁ DEL TALENTO INDIVIDUAL Y DEL JUEGO DE EQUIPO QUE PUEDA PROPONERSE, LA MAYORÍA DE LAS VECES LOS GOLES VIENEN POR ERRORES DEL RIVAL.

El espacio vacío también es peligroso en el juego para el que no lo ocupa. Sobre todo si el equipo está saliendo y los delanteros pierden la pelota de espaldas. Porque ahí se encuentra el equipo dispuesto para jugar, abriéndose como un abanico de posibilidades. Y en el mismo momento en que ese abanico se rompe porque hay un mal apoyo, una desatención en el control o porque anticipan de espalda, empieza un peligro inminente porque se está absolutamente desprotegido y uno se puede descontrolar.

Hay momentos en los que todos sufrimos el descontrol. Pasa en situaciones callejeras, en discusiones que se van de las manos. El descontrol es prácticamente imposible de manejar cuando se es muy joven y las emociones desbordan. Con el tiempo, la experiencia vivida va dando herramientas para resolver esas reacciones con mucha más atención.

Pero siempre hay un nivel de desborde porque es la pasión la que lleva a eso. Lo importante es entender que cuando se madura no pueden cometerse los mismos errores de la juventud.

En todas las actividades hay que saber combinar la energía con la inteligencia. Cuando se es más grande se corre mejor. Pero de chico hay tanta energía que se juega a correr, se cree que así se solucionan todos los problemas. Aquello que a uno lo desborda, en esos casos, no es la pasión: es el entusiasmo, la energía. Cuando se advierte que es posible funcionar con menos energía, se regula mejor todo y se presta más atención a las situaciones que pueden ocasionar el desborde. Uno está más atento, controla los nervios desde la atención y es más responsable con los propios actos porque una acción individual descontrolada puede dañar el trabajo colectivo.

Yo aprendí a jugar al filo del reglamento y a leer la característica del árbitro que dirigía cada partido. Hay árbitros que invitan a jugar de la manera en que ellos sienten el fútbol. Eso se nota mucho en cada liga. Por ejemplo, en el fútbol inglés hay mucho contacto, pero en el fútbol español no se puede tocar a un jugador porque cualquier roce leve es falta. Esa forma de aplicar el reglamento, que es el mismo

para todas las ligas, hace que el juego sea más o menos intenso. En el fútbol inglés se juega más minutos, a diferencia del español que se corta más. Es
algo que está en las estadísticas. Por eso para jugar
con más o menos intensidad hay que conocer cómo
se le pone límite a esa intensidad. Es una cuestión
de supervivencia, lo que hace que uno esté obligado
a leer muy bien los límites de lo que se puede hacer.

EN TODAS LAS ACTIVIDADES HAY QUE SABER COMBINAR LA ENERGÍA CON LA INTELIGENCIA. CUANDO SE ES MÁS GRANDE SE CORRE MEJOR. PERO DE CHICO HAY TANTA ENERGÍA QUE SE JUEGA A CORRER, SE CREE QUE ASÍ SE SOLUCIONAN TODOS LOS PROBLEMAS.

No fui un jugador con muchas expulsiones. Me
expulsaron ocho veces. Pero en los últimos nueve
años de mi carrera no me expulsaron nunca. Aprendí a controlarme. Es fácil decir que un jugador no
es capaz de mantenerse en la cancha sabiendo que
corre riesgo de que lo expulsen, pero es algo que a
veces no se pude manejar. Aparece el instinto del

juego y se termina cometiendo el error no deseado. Por supuesto, hay maneras de no recibir una segunda amarilla. A veces eso ocurre sin buscarlo y otras por alevosía, algo que, estoy seguro, se puede controlar porque la dureza con la que se va a cortar una jugada es una decisión individual. Muy diferente es cuando el mismo juego conduce a eso, porque ya no depende tanto de uno.

YO APRENDÍ A JUGAR AL FILO DEL REGLAMENTO Y A LEER LA CARACTERÍSTICA DEL ÁRBITRO QUE DIRIGÍA CADA PARTIDO. HAY ÁRBITROS QUE INVITAN A JUGAR DE LA MANERA EN QUE ELLOS SIENTEN EL FÚTBOL.

Hay jugadores que están más expuestos que otros por el lugar donde juegan. No sé si están tan expuestos los centrales, porque para que el árbitro le saque tarjeta amarilla a un central tiene que haber una jugada muy puntual de falta de *timing* o de descompensación de la defensa. En el medio, donde hay que tirarse al piso y estar continuamente en juego, hay que administrar bien la agresión porque con una tarjeta recibida pronto se condiciona al equipo.

Yo siempre "invito" a mis jugadores a tratar de jugar sin amarillas. Y me da resultados. En mis primeros 160 partidos en la liga como técnico del Atlético tuvimos suerte de que no nos echaran muchos jugadores. Creo que no llegamos a las diez expulsiones en cuatro años.

Se dice a veces que el rugby es un juego de caballeros y el fútbol no. Es muy difícil decirlo categóricamente. Entre los futbolistas hay y no hay caballerosidad. Como la hay y no lo hay en todos los trabajos y en todas las familias. A mí me da la sensación de que no todos juegan de la misma manera. Cada jugador tiene su personalidad y su forma de vivir el juego dentro del sistema en el que está. Lo que está claro es que el juego del rugby es de mucho contacto y el fútbol también es de contacto, aunque en menor medida. Eso no quiere decir que el fútbol sea violento. La comparación es complicada porque, además, son dos deportes distintos a nivel social. Para colmo, uno se juega con las manos y otro con los pies, en uno se juega para atrás y en el otro, en todas las direcciones.

YO SIEMPRE "INVITO" A MIS
JUGADORES A TRATAR DE JUGAR SIN
AMARILLAS. Y ME DA RESULTADOS.
EN MIS PRIMEROS 160 PARTIDOS EN
LA LIGA COMO TÉCNICO DEL ATLÉTICO
TUVIMOS SUERTE DE QUE NO NOS
ECHARAN MUCHOS JUGADORES.
CREO QUE NO LLEGAMOS A LAS DIEZ
EXPULSIONES EN CUATRO AÑOS.

Desde el punto de vista de las reglas, el rugby es mucho más cortado y estricto, mientras que el fútbol tiene distintas variables. Hasta los árbitros en una misma situación tienen distintos conceptos. En cuanto a la aceptación de las reglas, me parece que el futbolista juega sabiendo que puede haber permitidos. Está en la capacidad del árbitro decir hasta dónde se puede llegar y en la del futbolista entender el juego dentro de sus leyes, qué es lo que se admite y qué no. Dentro de esos límites, veo que el fútbol permite sacar alguna ventaja que acerque al resultado deseado. Obviamente dentro de una ley que no maneja el futbolista pero que es muy variable en su aplicación.

EL CAMINO INESPERADO

Dentro de los noventa minutos, cada uno intenta sacar su mejor partido. Se dice que Neymar carga a los rivales pero para mí lo único que ocurre es que juega a su manera. Es cierto que al rival ese estilo le provoca nervios y desbordes que pueden desembocar en una expulsión. Pero Neymar no es provocativo: juega así. Estará en uno entender de qué manera hay que desenvolverse contra él.

Algo de eso me pasó a mí con David Beckham. Yo no fui provocativo. Intuí que iba a darse una situación confusa de juego. Unos la resuelven mejor y otros, peor. El juego del fútbol no se trata solamente de jugar bien a la pelota, sino también de intentar encontrar situaciones dentro del campo que permitan entender que se puede ganar el partido por distintos caminos. Pasa en la vida de todos los días. A veces el camino es fácil de encontrar, otras es más difícil y también hay momentos en que un solo camino no alcanza.

Siempre hay que estar atento para detectar el camino inesperado, que en ocasiones aparece porque se ve que el lateral izquierdo del rival es más malo que el derecho, y entonces se centraliza la atención en eso.

Cuando uno juega, no se da cuenta con tanta claridad de esos detalles porque el ritmo del partido lleva a la voracidad, a la velocidad y se termina perdiendo esa sensibilidad.

EL JUEGO DEL FÚTBOL NO SE TRATA SOLAMENTE DE JUGAR BIEN A LA PELOTA, SINO TAMBIÉN DE ENTENDER QUE SE PUEDE GANAR EL PARTIDO POR DISTINTOS CAMINOS. PASA EN LA VIDA DE TODOS LOS DÍAS.

Desde afuera se ve más claro. Como entrenador, cuando se intenta preparar el equipo y, por ejemplo, se propone: "Dejemos que salga el defensor rival que menos técnica tiene", ya no se está jugando a la pelota. Me ha pasado de darme cuenta, en la relectura de algún partido que quedó atrás, de que la cosa no tiene nada que ver con la pelota. Pero tanto para planificar un partido como para repasarlo mentalmente después de que se jugó, hay que tratar de no tener prejuicios. Se puede competir y ganar de distintos modos. A veces se trata de hacer foco en que hay que ser de una manera o de otra, y yo creo que es posible

ser de varias maneras, y todas tienen mérito, porque
no hay una verdad absoluta en el fútbol ni en ningún
lado.

Es necesario tener algún talento para detectar
dónde está la falla del rival, dónde el rival está más
permeable, y esa es una cuestión del técnico. A veces se pierde la oportunidad. Me ha pasado de decir
después de algún partido: "¡Cómo no me di cuenta de
esto!". Aunque ese remordimiento me parece que es
más del jugador que del entrenador. En el rol de entrenador, uno tiene la posibilidad de imaginar el partido veinte veces antes de que se juegue; y, después,
cuando se está jugando se puede hacer una lectura
general, advirtiendo todo lo que ocurre ahí abajo. El
entrenador ve más.

Como jugador, la velocidad a la que obliga el juego y el esfuerzo que pide contribuyen a que se pierda lucidez. Y la diferencia está en la lucidez que se
conserva o se pierde en tales circunstancias. Hay
grandes jugadores que logran mantenerla en los
momentos más difíciles y eso les da una ventaja.

SABER IRSE

En mi etapa como jugador del Atlético, hice una jugada en el medio de la cancha frente al Barcelona. Peleé la pelota con Josep Guardiola y me pegó una patada; apareció Vaquero y me pegó otra patada y ahí salí de la presión de los dos con un caño. Era una jugada de lucha, de refriega, y salí ganando el duelo contra dos. Me emocioné y me aplaudí porque la jugada me pareció muy buena. Salió espontáneamente y fue la primera y última vez que hice una cosa así. Pero ya tenía 25 años y eso no me hizo perder la concentración porque terminé de aplaudirme y tiré un pase largo a la derecha.

ME EMOCIONÉ Y ME APLAUDÍ PORQUE LA JUGADA ME PARECIÓ MUY BUENA. SALIÓ ESPONTÁNEAMENTE Y FUE LA PRIMERA Y ÚLTIMA VEZ QUE HICE UNA COSA ASÍ. PERO YA TENÍA 25 AÑOS Y ESO NO ME HIZO PERDER LA CONCENTRACIÓN PORQUE TERMINÉ DE APLAUDIRME Y TIRÉ UN PASE LARGO A LA DERECHA.

La del futbolista no es una inteligencia clásica. No se cuenta con mucho tiempo para pensar. Yo la entiendo como una inteligencia física, biológica, como de supervivencia. Está formada en la experiencia de resolver problemas en centésimas de segundos. De ese modo, el cuerpo se vuelve inteligente y esa inteligencia progresa con los años. Por ejemplo, los delanteros hacen más goles cuando son más grandes, y los arqueros son mejores cuando pasan los años. Lo mismo pasa con los defensores centrales también. El delantero tiene la posibilidad de correr para todos lados cuando es joven. Pero está claro que cuando sea más grande, ese mismo delantero tendrá mejores movimientos y más concretos, porque se da cuenta de que gasta energía corriendo de más y que con una serie de movimientos concretos sobrevive más tiempo en esa posición.

La agudeza de la inteligencia reemplaza el deterioro físico. De eso no tengo ninguna duda. Cuando la potencia física del futbolista empieza a mermar, comienzan los movimientos más inteligentes y más útiles. Una vez leí una nota sobre Fernando Torres, en la que decían que con los años se hizo mejor jugador, que empezó a correr mejor la cancha y que leía mejor los partidos. En realidad, lo que ocurrió es que la experiencia lo volvió más técnico. Me sale decir que el crecimiento del futbolista es una continua mejora en la relación de uno mismo con su mente, y de su mente con su cuerpo.

LA AGUDEZA DE LA INTELIGENCIA REEMPLAZA EL DETERIORO FÍSICO. DE ESO NO TENGO NINGUNA DUDA. CUANDO LA POTENCIA FÍSICA DEL FUTBOLISTA EMPIEZA A MERMAR, COMIENZAN LOS MOVIMIENTOS MÁS INTELIGENTES Y MÁS ÚTILES.

En la primera etapa de un jugador manda el cuerpo y en la segunda, la cabeza. La etapa posterior es la de asimilar que la carrera se termina. Es una situación triste que cuesta aceptar porque el camino que hace un futbolista empieza a finalizar cuando está maduro y es más inteligente para jugar. Es una crueldad que el cuerpo no acompañe al jugador cuando está en su mejor momento mental. Lo que sucede en esas situaciones es que él considera que porque ya entiende todo sigue siendo importante. Siempre les digo a los jugadores que son grandes que la mejor manera de irse de un club es sabiendo interpretar la actualidad que están viviendo.

A todos nos tocó creer que éramos imprescindibles porque teníamos más años y sabíamos más, que con mayor experiencia contábamos con más posibilidades de jugar que el que corre. Lamentablemente no es así. Porque cuando el más chico está más cerca de tener la madurez, se lo come a uno y a cualquiera. Saber irse de un lugar es un arte que vale la pena aprender.

A TODOS NOS TOCÓ CREER QUE ÉRAMOS IMPRESCINDIBLES PORQUE TENÍAMOS MÁS AÑOS Y SABÍAMOS MÁS, QUE CON MAYOR EXPERIENCIA CONTÁBAMOS CON MÁS POSIBILIDADES DE JUGAR QUE EL QUE CORRE. LAMENTABLEMENTE NO ES ASÍ.

A los veteranos, jugador de fútbol o cualquier otra cosa, les cuesta aceptar el final de la carrera porque sienten que hay una historia. Pero el fútbol es presente, igual que la vida. Una vez que ocurre el retiro, se puede vivir de los recuerdos, pero solamente por la historia no se puede seguir manteniendo a un jugador, porque eso es negativo para él y para sus compañeros.

Cuando me tocó salir del Atlético de Madrid en mi segunda etapa de jugador, intuí que el entrenador dejaba de tenerme en cuenta, pero yo me sentía bien. De hecho, jugué un año y medio más en Argentina. Pero sospechaba que tenerme era un problema para el entrenador del Atlético y para el equipo. No solamente porque era un jugador de fútbol más grande sino porque además tenía un nombre, un peso en el equipo y, también, una relación con la gente que influía para ponerme o sacarme. Entonces, yo mismo tomé la decisión de irme, pensando en que quería volver al Atlético de Madrid algún día. Y que para volver al lugar que uno quiere hay que partir de la mejor manera. Cuesta saber irse. Pero es una determinación que hay que tomar en el momento justo.

YO MISMO TOMÉ LA DECISIÓN DE IRME, PENSANDO EN QUE QUERÍA VOLVER AL ATLÉTICO DE MADRID ALGÚN DÍA. Y QUE PARA VOLVER AL LUGAR QUE UNO QUIERE HAY QUE PARTIR DE LA MEJOR MANERA.

Ese es un modo ideal de irse, pero a veces la vida pone pruebas con situaciones que no son ideales y también obliga decidir. Yo tuve la suerte de haber pasado de jugar al fútbol a entrenar en un día. Me duché por última vez como futbolista y al día siguiente estaba entrenando a mis compañeros. Fue una experiencia muy parecida a cuando acepté la propuesta del Pisa. No hubo ninguna transición. Las cosas me fueron sucediendo una detrás de otra de manera encadenada. Así debuté como técnico en Racing. Nos fue mal en ese inicio pero terminamos salvando a un equipo que se iba a la B. De Racing fuimos a Estudiantes y salimos campeones a los seis meses en un club que no salía campeón desde hacía 25 años. Fuimos a River, que hacía cuatro años que no salía campeón, y salimos campeones. Pero después nos fue tan mal que salimos últimos y decidí irme.

Nunca jugué un partido de fútbol sin ganas, jamás. Pero cuando me preguntan si extraño jugar a la pelota digo que no. Y creo que es porque lo di todo, porque me entregué pasionalmente como persona y como futbolista. Entonces, al entregarme tanto, no me quedó nada. Dejé de jugar y todo quedó atrás inmediatamente. La educación que recibí como profesional me sirvió para la vida, para seguir manteniéndome como deportista, pero ya no como futbolista. Sigo teniendo al deportista adentro, pero tengo muy claro que soy entrenador.

NUNCA JUGUÉ UN PARTIDO DE FÚTBOL SIN GANAS, JAMÁS. PERO CUANDO ME PREGUNTAN SI EXTRAÑO JUGAR A LA PELOTA DIGO QUE NO. Y CREO QUE ES PORQUE LO DI TODO, PORQUE ME ENTREGUÉ PASIONALMENTE COMO PERSONA Y COMO FUTBOLISTA.

Quizás no me dolió dejar de jugar porque de algún modo, en mi cabeza, siempre hubo un técnico. Es como si siempre hubiera estado preparándome para el futuro. Ya a partir de los 26 o 27 años agarraba un cuaderno y anotaba cosas, armaba grupos de entrenamiento. Me daba cuenta de que me gustaba ese trabajo. Al final de mi carrera, sin pasar por encima del entrenador porque siempre fui muy respetuoso de la autoridad del vestuario, me daba cuenta de que entrenaba al hablar con mis compañeros para convencerlos de hacer algo en la cancha.

Mi punto de vista era el de jugador, pero observando los objetivos desde la perspectiva de un entrenador. Aunque de ninguna manera quería ocupar el lugar del entrenador, jamás hice una cosa así.

QUIZÁS NO ME DOLIÓ DEJAR DE JUGAR PORQUE DE ALGÚN MODO, EN MI CABEZA, SIEMPRE HUBO UN TÉCNICO. ES COMO SI SIEMPRE HUBIERA ESTADO PREPARÁNDOME PARA EL FUTURO.

7. VALORAR

Por lo general, el futbolista viene de abajo y se encuentra con algunos problemas materiales solucionados siendo muy joven. Pero lo que lo impulsa es el sentimiento de jugar a la pelota, no el dinero. Creo que muchos futbolistas no tienen idea de lo que cobran, cuándo entra la plata a su cuenta y en qué cantidad. A los 25 años uno ya sabe que tiene tal premio por partido y una aproximación global de lo que se ganará, de lo que tendría que entrar en el año. Aunque la mayoría no está pendiente de eso. Por momentos aparecen situaciones en las que se vuelve necesario resolver cosas de la vida, pero lo que lo impulsa al jugador no es lo material, sino el hecho de jugar al fútbol. Recuerdo que me decía a mí mismo que la única manera de que la plata llegara era jugando bien.

RECUERDO QUE ME DECÍA A MÍ MISMO QUE LA ÚNICA MANERA DE QUE LA PLATA LLEGARA ERA JUGANDO BIEN.

En los comienzos es difícil abstraerse de estos asuntos materiales, que movilizan porque se manejan números grandes. Y en algún punto, eso también puede desestabilizar, en la medida que aleja del amateurismo por el que hubo que pasar para llegar a Primera. Si se llega, es por amor al juego y no por plata. Cuando se obtiene algo que se desea es siempre por amor. En el momento en el que el futbolista se desvía de ese amor, empieza a ser distinto. Lo que mueve a todos es ganar; y si ganan cinco torneos, quieren ganar seis. Ese afán de superarse y mantenerse en lo alto es lo emocionante de este deporte.

El valor de los que juegan desde la pasión es incalculable. Frecuentemente les digo a los jugadores que uno cree en algo cuando está jugando, y eso hay que cuidarlo. Porque si las cosas están bien hoy, no significa que naturalmente vayan a ir bien mañana, pensar de otro modo es asumir el riesgo de que todo se desmorone. Por eso a mis jugadores del Atlético les digo que disfruten la situación y hagan lo posible por mantenerla. Es muy difícil encontrarse en un club donde hay gente con pertenencia, compromiso y un grupo moldeable para el trabajo grupal. Les digo que cuiden lo que tienen porque eso no vuelve, es una etapa de la vida que pasa. El partido o el entrenamiento que se deja de lado se va para siempre. Todos deberíamos ser más conscientes del día a día que vivimos y darle el valor extraordinario que tiene.

CUANDO SE OBTIENE ALGO QUE SE DESEA ES SIEMPRE POR AMOR. EN EL MOMENTO EN EL QUE EL FUTBOLISTA SE DESVÍA DE ESE AMOR, EMPIEZA A SER DISTINTO.

Uno piensa que mañana va a entrenar de la misma manera que lo hizo ayer, hasta que sobreviene una lesión y cambia completamente el curso de las cosas. Entonces, cuando es posible entrenar, hay que darle todo al juego. Por eso, siempre les digo a los chicos que busquen el modo de llegar a los partidos con una estabilidad emocional fuerte. No importa lo que pase después porque se trata de un juego donde podés ganar o perder. Pero está en uno llegar bien. Y ese compromiso es necesario reafirmarlo todos los días y en cada fecha. Uno cree que con ese partido que se perdió no pasa nada. Empiezan las ligas y todos salen a jugar flojitos. Total, faltan 38 fechas y hay tiempo para recuperarse. Pero después, como el culo aprieta porque el club aprieta y hay que llegar a la Champions, o hay que salir primero o salvarse del descenso, todos empiezan a apretar, y ahí sí los equipos juegan distinto. A mí me gusta estar bien desde el primer partido. Nuestras primeras vueltas son tremendas, con muchos puntos. Luego, en la segunda vuelta, es posible que se disminuya la marcha porque los demás la aumentan.

TODOS DEBERÍAMOS SER MÁS CONSCIENTES DEL DÍA A DÍA QUE VIVIMOS Y DARLE EL VALOR EXTRAORDINARIO QUE TIENE.

SI ME ILUSIONAN VOY A DONDE SEA

Mi historia con el Atlético es rica en matices. Me fue muy bien como jugador y como técnico, y en ambas etapas salí campeón. Sin embargo, creo que es una etapa que nunca se va a cerrar. Es como si uno quedara en la memoria de la gente. Luis Aragonés se fue del Atlético pero sigue estando; Carlos Bianchi se fue de Boca pero sigue estando. Hay tipos que ya están instalados.

Cuando me pregunto por qué tuve la suerte de mantenerme en el Atlético como técnico durante varios años, creo que fue porque siempre quise explotar la posibilidad de dirigir un equipo con el que me sintiera identificado. Cuando me fui del Atlético de Madrid para jugar en Racing, tenía como objetivo terminar mi carrera de jugador, pero también estaba en la búsqueda de prepararme como entrenador. Ya había empezado el curso en España y, más tarde, lo terminé en la Argentina.

SIEMPRE QUISE EXPLOTAR LA POSIBILIDAD DE DIRIGIR UN EQUIPO CON EL QUE ME SINTIERA IDENTIFICADO.

Mi meta era volver al Atlético de Madrid como técnico. Sabía que por mi historia en el club contaba con la posibilidad de regresar. Y también sabía que cuando me dieran la oportunidad, no iba a ser todo color de rosa. Al contrario, sería un problema. Llegar del fútbol sudamericano al europeo, más allá del nombre, y para jugar en un equipo importante de Europa como el Atlético, tiene sus dificultades. Pero se dieron las circunstancias a mi favor. El equipo estaba en una mala situación y me fueron a buscar más por mi condición de ídolo futbolístico que por la de entrenador, y yo aproveché las circunstancias.

Las circunstancias son aquellas condiciones que están más allá de uno. Hay que saber leerlas y estar preparado para afrontarlas porque nunca se sabe en qué momento se va a presentar una oportunidad. La oportunidad es algo que puede darse de manera espontánea o algo que uno mismo busca y construye a lo largo del tiempo. Parecen dos cosas distintas pero es lo mismo. En un caso se trata de no dejar pasar la oportunidad y en el otro se trata de esperarla. La única diferencia que veo entre estas dos acciones es de velocidad. A mi entender, uno no debe relacionarse con un solo tipo de oportunidad:

hay que buscar la propia oportunidad y también hay que estar atento por si se presenta en un momento inesperado.

LAS CIRCUNSTANCIAS SON AQUELLAS CONDICIONES QUE ESTÁN MÁS ALLÁ DE UNO. HAY QUE SABER LEERLAS Y ESTAR PREPARADO PARA AFRONTARLAS.

Mi debut como técnico en Racing fue una oportunidad que se presentó. Surgió de una necesidad inmediata del club en medio de una situación particular dificilísima. Mientras era jugador me ofrecieron el puesto de técnico dos veces, pero decidí seguir jugando porque me sentía bien. La tercera vez que me lo ofrecieron, el equipo estaba jodido, muy mal. Pude haber dicho que no, porque la realidad era que el equipo había sumado dos puntos en cuatro partidos y la tendencia era que, a ese ritmo, descendíamos.

No me cuesta adaptarme a lo nuevo y no le tengo miedo a los obstáculos. Si me ilusionan, voy a donde sea. En Racing, de entrada, me jugué mi futuro como entrenador. Debutamos perdiendo 2-0 el clásico contra Independiente con dos goles de Agüero. El segundo partido fue contra Olimpo en Bahía Blanca. Perdíamos 1-0 en el primer tiempo y hubo un penal para Racing: patea Capria y rompe el travesaño. Perdimos 3-0. El tercer partido, con la cancha suspendida, porque nos pasaban todas, volvimos a perder 3-0 con Estudiantes, con tres lesionados y solo ocho jugadores en la cancha. Ese fue mi comienzo como técnico. Pero el hecho puntual es que si decidí asumir la responsabilidad fue porque estaba convencidísimo de que sacaba el equipo adelante, aun en la peor situación.

LA ESCUELA DE LA DIFICULTAD

Nunca hay que dejar de lado la posibilidad de crecer en la crisis. La dificultad es la mejor escuela. Nunca uno aprende tanto como cuando le va mal. Porque así como digo que los resultados no se nos daban en Racing, también pienso que fue una etapa de preparación técnica, táctica y física donde tanto mi cuerpo técnico como yo comenzamos a interpretar mejor nuestras ideas y nuestros sentimientos.

Pero los problemas se agrandaban. Rubén Capria y Claudio Ubeda dejaron el equipo. Eran grandes jugadores y, además, amigos míos. Tuvimos que empezar a tomar decisiones bajo condiciones tremendas. Terminamos jugando con Matías Sánchez, Diego Menghi y Juan Manuel *Chaco* Torres, que eran pibes, y pudimos inculcarles el sentido de pertenencia en medio de la situación que estábamos viviendo. Lo que pensamos fue que no había que aislarlos de lo que nos pasaba sino hacerles tomar conciencia del peligro en el que estábamos. Y ellos nos respondieron y ganamos cuatro partidos seguidos.

LA DIFICULTAD ES LA MEJOR ESCUELA. NUNCA UNO APRENDE TANTO COMO CUANDO LE VA MAL.

Fue una especie de milagro, porque cuando un equipo grande se empieza a hundir es difícil salir. Le pasó a River, Independiente, San Lorenzo... Le pasó al Atlético de Madrid, que se fue a la B con el goleador de la liga española. Se entra en una inercia que no es posible detener. Pero en esos días yo aprovechaba para que los jugadores se enfrentaran con esos malos momentos. En uno de esos partidos de terror, perdimos 2-1 contra Gimnasia. Habíamos jugado bien y los pibes habían dado la vida. Pero aun así no pudimos ganar. Terminó el partido y les dije con una tranquilidad que no sé de dónde saqué: "Muchachos, vivan este momento porque no vuelve. Dense cuenta de que cuando se está mal, aunque estén dando todo, no se sale de la mierda. Entonces, cuando estén bien, peleen por seguir así. Aprendan de este momento, recuérdenlo, porque cuando uno está bien se olvida de que estuvo en la mierda. Y de eso nunca hay que olvidarse". Como ya dije antes, no hay que confiarse en que si a uno le va bien hoy eso va a ser para siempre.

CUANDO UNO ESTÁ BIEN SE OLVIDA DE QUE ESTUVO EN LA MIERDA. Y DE ESO NUNCA HAY QUE OLVIDARSE.

MOMENTO DE HABLAR

Aprendí del fútbol que siempre hay momentos para hablar. Hay que tener *timing*. Si no se dice lo que hay para decir en el momento adecuado, se pierde la posibilidad, y esta no vuelve nunca más. También ocurre con uno mismo, si ocupa el lugar del líder pierde su posición y ya no va a estar en el mismo lugar de autoridad que tenía antes de dejar pasar la oportunidad de hablar. Lo que se busca comunicar a un grupo tiene vigencia en un determinado lapso de tiempo y en determinadas condiciones porque lo que uno diga tiene o no tiene sentido según las circunstancias.

En la vida hay más posibilidades porque se cuenta con más tiempo, las cosas por lo general van más lentas y es posible manejarlas un poco más. Pero en el juego del fútbol, que es un deporte de convivencia y relaciones, es necesario manejar los tiempos con precisión.

SI NO SE DICE LO QUE HAY PARA DECIR EN EL MOMENTO ADECUADO, SE PIERDE LA POSIBILIDAD.

En 2006, con Estudiantes, perdimos por penales contra San Pablo en cuartos de final. Habíamos tenido un mes de trabajo y el equipo estaba muy bien después de ganar el partido de ida 1-0 con Burruchaga de

técnico. Fue el primer partido de Copa Libertadores
que me tocó dirigir. Mi única experiencia en la dirección técnica consistía en catorce partidos en Racing.
Me acuerdo de que Fernando Niembro me criticaba,
decía que Estudiantes era un equipo muy bueno, con
grandes jugadores, y que yo era demasiado joven para
dirigirlo.

Nos preparamos durante un mes. El asunto fue
que al partido de vuelta lo perdimos 1-0 y fuimos
al alargue mereciendo por lo menos el empate. Pero
perdimos por penales. Arrancamos ganando por dos
y erramos los dos últimos, fue tremendo.

Cuando terminó el partido y entré en el vestuario, los pibes estaban muy caídos porque teníamos
equipo para aspirar a la Copa Libertadores y yo tenía un dolor enorme. Hacía 25 años que Estudiantes
no salía campeón. Y de la nada, les empecé a gritar:
"Escuchen: ¡vamos a salir campeones! ¡Esto trae
algo, se lo digo yo, vamos a salir campeones!". Lo
dije totalmente convencido. Los pibes me miraban
como diciendo: "¿Qué dice este loco?". Pero algo de
esa arenga deben de haber escuchado porque después salimos campeones del torneo argentino y logramos cosas únicas, como el 7-0 contra Gimnasia
en el clásico.

Pero también a mí, como a todo el mundo, hay cosas que se me pueden escapar en el momento. Una vez, también en Estudiantes, fui a hablar con un futbolista y él me dijo que ya no tenía sentido hacerlo. Y era cierto, tendría que haber hablado antes. Se lo agradecí porque me estaba ayudando a mejorar. Pero fue algo que no pude ver. Con los años, uno intenta no cometer los errores que ya se cometieron. Otra cosa es persistir en las convicciones propias, porque si se es sistemático en el trabajo, desde afuera puede percibirse como que se trata de una persistencia en el error y no es exactamente así. Para otros pueden ser errores, pero para uno significa no cambiar los principios ante una misma situación.

UNA VEZ, EN ESTUDIANTES, FUI A HABLAR CON UN FUTBOLISTA Y ÉL ME DIJO QUE YA NO TENÍA SENTIDO HACERLO.

CONTRA LA SUBESTIMACIÓN

La única actitud del futbolista que me saca de quicio es la subestimación. Me parece que es una actitud arrogante y deshonesta. Subestimar al rival
es despreciarlo, pero también es entrar en una situación que se termina pagando cara. Una noche,
con Estudiantes, jugábamos la segunda fecha contra Nueva Chicago de visitante. La cancha estaba
llena y el campo de juego totalmente embarrado.
Era una noche horrible. Íbamos 2-0 arriba y el tercer gol lo erramos veinte veces, siempre sobrando
al rival. Faltando diez minutos nos hacen un gol
de cabeza a la salida de un córner. Ganábamos 2-1.
Todo parecía normal. Pero vamos al vestuario y
le dije a Pepe Pasqués, que trabaja conmigo hace
años: "Cerrá la puerta". Cuando fue a hacerlo, apareció Julio Alegre, que era el presidente del club y
un gran amigo que siempre entraba en el vestuario. No lo dejamos y cerramos igual.

Las barbaridades que les dije a los jugadores no
se pueden contar. Porque a mí lo que me enferma es
cuando se subestima al otro, cuando uno se cree mejor que el rival y se empieza a jugar un partido como
si estuviera ganado de antemano. Solo se trata de un

pensamiento, porque los partidos se ganan cuando se terminan, no mientras los estás jugando. Eso me saca de quicio. Y si uno observa bien, se da cuenta de que la subestimación colectiva empezó porque un jugador la empezó, no importa quién. Alguien sobró al rival y, como el fútbol es un deporte de contagio, un minuto más tarde están todos sobrando.

LAS BARBARIDADES QUE LES DIJE A LOS JUGADORES NO SE PUEDEN CONTAR. PORQUE A MÍ LO QUE ME ENFERMA ES CUANDO SE SUBESTIMA AL OTRO.

Como yo jugué muchos años, me doy cuenta si un jugador está subestimando el partido por cómo mueve el cuerpo. La postura y la dinámica corporal de un futbolista que está jugando concentrado son muy diferentes a las de uno que está gastando al rival. Es el peor espectáculo que puedo ver como técnico. No lo puedo aceptar, me produce rebeldía, no quiero ver eso en mi equipo. Yo quiero ver a Messi porque él quiere hacer siete goles, ocho, nueve. No está cargando a nadie. Él hace un caño para hacer un gol, no para gastar al oponente.

LA POSTURA Y LA DINÁMICA CORPORAL DE UN FUTBOLISTA QUE ESTÁ JUGANDO CONCENTRADO SON MUY DIFERENTES A LAS DE UNO QUE ESTÁ GASTANDO AL RIVAL.

Es importante hacer una distinción entre cargar y provocar. Cargar es subestimar y provocar es un componente muy distinto del juego. Hablo de generar una acción para sacar provecho. Neymar puede provocar una acción para sacar partido de una situación cuando, por ejemplo, tiene la pelota para que le peguen. Él juega así. En cambio, cuando se sobra al rival no se tiene el desempeño habitual y, además, se perjudica al equipo. La provocación es una incidencia del juego. Como la que me tocó vivir con la expulsión de Beckham en el Mundial de Francia. ¿Cómo hay que interpretar esa jugada? ¿Lo mío fue malo porque provoqué una situación? Entonces, ¿lo de él fue bueno haciéndose expulsar? Yo cometo una infracción normal, sin violencia y entonces intuyo algo, me dejo caer y me quedo un tiempo tirado. Eso es lo que lo provoca a él, porque el contacto irrita.

Evidentemente saqué partido de la situación porque estaba concentrado en un tipo de incidente que parece insignificante, pero por el que se puede ganar o perder un partido. Sin embargo, en ningún momento fui deshonesto o violento.

LA IMPORTANCIA DEL DETALLE

Cada hecho, por más insignificante que parezca, es un mundo. El lateral que saqué en la final de la Copa América de 1993 que jugamos con la Selección Argentina contra México, aparentemente es solo un lateral.

La pregunta que hay que hacerse es si un lateral es solamente un lateral o puede ser algo más. Batistuta y yo leímos la misma posibilidad, y en la mente de los dos se jugó el mismo partido en unas centésimas de segundo en las que se definió una final continental. Fui por la banda y en cuanto vi la pelota y a él, me di cuenta de que me miraba, como en una jugada de truco. Sentí que mis manos eran mis pies. La acción fue muy linda por todo lo que hay envuelto en una situación tan fuera de lo común que parece de otro deporte.

8. ORGANIZAR

En todos los trabajos de conjunto hay que saber relacionar la disciplina con la improvisación. De lo contrario las sociedades no funcionan. Es fundamental encontrar las dosis correctas de libertad y responsabilidad. Para mí, en el fútbol esas cosas dependen de la capacidad del futbolista para interpretar a cada entrenador. Se dice que Marcelo Bielsa es muy exigente con las obligaciones, pero yo lo tuve de técnico y nunca vi que nos privara de algún acto individual. Nunca. Sí nos aumentó la capacidad para interpretar el juego. Creo que el juego organizado del fútbol es una herramienta táctica para potenciar la capacidad y el talento de cada uno. Pero, en realidad, todos los futbolistas juegan al fútbol. Y no debe haber ningún entrenador que, más allá de las cuestiones corporativas y posicionales del juego, obliguen al jugador a no jugar cuando tiene la pelota.

EL FUTBOLISTA SIEMPRE CUENTA CON LIBERTAD, A PARTIR DE QUE ES ÉL QUIEN TIENE LA PELOTA. Y NO LA TIENE DESDE EL MOMENTO EN QUE LA PELOTA PASA A TENERLA EL RIVAL.

El futbolista siempre cuenta con libertad, a partir de que es él quien tiene la pelota. Y no la tiene desde el momento en que la pelota pasa a tenerla el rival, porque es una cuestión lógica que para recuperar la pelota hay que trabajar en equipo. Esa es mi idea, que a veces se malinterpreta y termina en una polémica sin sentido. En esa polémica, se dice que hay jugadores a los que se los priva de su talento porque tienen que entregarse al esfuerzo colectivo de la recuperación. Yo no comparto esa idea porque considero que el Barcelona es el equipo que mejor presiona cuando pierde la pelota y no se puede decir que sus jugadores de talento no pueden atacar en nombre del compromiso con la recuperación.

El momento en el que el equipo no tiene la pelota es una responsabilidad para el jugador y cuando la tiene es su momento de libertad. No hay libertad

todo el tiempo, salvo para jugar en la plaza. Y ni siquiera, porque allí también uno se enoja con los amigos. Entonces, otra vez, hay libertad cuando se do-
mina la pelota. Uno hace lo que quiere con la pelota,
se es dueño de decidir qué hacer con ella y ejecutar lo que mejor parezca. Ahora, cuando la pelota se
pierde, está claro que surge una necesidad de repar-
tir el esfuerzo para que todos corran menos.

EL AJUSTE ENTRE LIBERTAD Y RESPONSABILIDAD PLANTEA BUENAS DISCUSIONES, COMO LAS QUE TAMBIÉN SE PLANTEAN CUANDO SE HABLA DE CONSTRUIR Y DESTRUIR.

El ajuste entre libertad y responsabilidad plantea buenas discusiones, como las que también se
plantean cuando se habla de construir y destruir.
La construcción del juego está basada en los futbolistas con los que se cuenta. Sin embargo, muchos
entrenadores buscan copiar mentalmente situaciones que los ilusionan desde lo que ven en otros equipos, y hacen jugar a los suyos a partir de esa fantasía. El problema, en esos casos, es que no tienen

a los futbolistas con las características adecuadas para jugar de esa manera. Yo prefiero potenciar las características de mis futbolistas, porque entiendo que eso me acerca mucho más a la victoria, que es lo que me interesa. El objetivo de todos es ganar, y cada cual lo hace a su manera.

YO PREFIERO POTENCIAR LAS CARACTERÍSTICAS DE MIS FUTBOLISTAS, PORQUE ENTIENDO QUE ESO ME ACERCA MUCHO MÁS A LA VICTORIA.

EL JUEGO DE LOS ERRORES

Un día me encontré con el entrenador de un equipo que me felicitó por el trabajo que estamos haciendo, pero me dijo: "La verdad es que no me gusta cómo juegan". A ese equipo le ganamos 2-0 porque sus jugadores perdieron dos pelotas atrás. Se las robamos y fueron goles. Uno no entrena para sí mismo sino para el club donde trabaja. Siempre hay que tener clara la misión y la función que se cumple, y en qué nivel se desarrolla. Los entrenadores tienen que entrenar para el club donde trabajan, porque los socios del club son los que pagan y le permiten a uno vivir del fútbol. No se puede entrenar para gustarse a uno mismo, aunque seguramente hay colegas que lo hacen.

NO SE PUEDE ENTRENAR PARA GUSTARSE A UNO MISMO, AUNQUE SEGURAMENTE HAY COLEGAS QUE LO HACEN.

Por ejemplo, a uno le gusta el esquema de salir de atrás, pero si no se tiene a los futbolistas acordes con esa idea, salir jugando no es una solución: es un problema. Por supuesto, es posible entrenar esa maniobra con los jugadores que no corresponde y asumir los riesgos que conlleva. Si alguien quiere correr ese riesgo, que lo haga. Pero no hay que olvidarse de que el fútbol es un juego de errores. Cuantos menos errores se cometan, más cerca se va a estar de ganar. No es que se está más cerca cuanto más se construye, sino cuando se cometen menos equivocaciones.

NO HAY QUE OLVIDARSE DE QUE EL
FÚTBOL ES UN JUEGO DE ERRORES.
CUANTOS MENOS ERRORES SE
COMETAN, MÁS CERCA SE VA A ESTAR
DE GANAR. NO ES QUE SE ESTÁ MÁS
CERCA CUANTO MÁS SE CONSTRUYE,
SINO CUANDO SE COMETEN MENOS
EQUIVOCACIONES.

Por eso la destrucción del juego rival es una virtud. Estoy hablando de desactivar el juego contrario, no de pegar. En mi opinión, la mejor manera de atacar es defender bien. El Barcelona nos dio la posibilidad de ver algo absolutamente fantástico desde lo visual, pero muy difícil de igualar. La prueba está en que, en el Bayern Munich, Guardiola no logró redondear lo que hizo en Barcelona. Porque el Bayern Munich no es el Barcelona. Lo que digo es que la propuesta de trabajar sobre la recuperación de la pelota es una preparación para el ataque. Trabajar desde lo defensivo no es trabajar defensivamente para recuperar la pelota sino pensar que la recuperación es el principio del ataque porque si el rival perdió la pelota puede estar desmembrado. No importa dónde haya sucedido la recuperación. Siempre sucede donde la situación lo permita: el campo rival, la puerta de mi área, la mitad del campo...

EL BARCELONA NOS DIO LA POSIBILIDAD DE VER ALGO ABSOLUTAMENTE FANTÁSTICO DESDE LO VISUAL, PERO MUY DIFÍCIL DE IGUALAR.

Es una mentira eso de que todos queremos jugar presionando arriba. No se presiona los noventa minutos. Se juega a partir de una estrategia elaborada según la lectura del equipo propio y de lo que el rival permita, y de ahí surge dónde y cuándo presionar. No se puede perder de vista que el otro también se prepara igual que uno. Y entonces aparece un juego de duelos sobre cómo intuir, desde el conjunto, el momento justo para apretar arriba o retroceder.

ES UNA MENTIRA ESO DE QUE TODOS QUEREMOS JUGAR PRESIONANDO ARRIBA. NO SE PRESIONA LOS NOVENTA MINUTOS.

Cada técnico lee el pensamiento del otro. Eso produce problemas nuevos porque hay que volver a pensar las cosas que ya se habían pensado. Después de cuatro años y medio en el Atlético nos empezó a costar resolver algunas cuestiones. Nos sentíamos mucho mejor cuando nos encontrábamos con un equipo que jugaba, porque teníamos el arte de presionar muy bien, robar la pelota y entrar en el campo contrario con el rival trastabillando. Pero nos empezaron a jugar como lo habíamos hecho nosotros anteriormente: un pelotazo para forzar la segunda pelota, ir a ganar esa segunda pelota a través de la presión, hacer correr a los defensores hacia atrás y generarles incomodidad a los mediocampistas que tienen que acompañar el retroceso.

Siempre es más fácil ir a presionar, porque en esa disposición se lee mejor dónde es posible atrapar al contrario. En cambio, el juego frontal es más

difícil de controlar aunque parezca menos importante desde la construcción. Es decir que siempre es
más difícil tener la iniciativa. Sin duda. Por eso hay
pocos equipos que verdaderamente tienen la iniciativa. Son los que pueden, los que tienen con qué, digamos. Pero no solo se trata de proponer. También
hay que ver cuál es el que pierde menos la pelota.

ESCUCHAR ES UNA BUENA IDEA

No soy de imponer mis ideas de manera automática.
Cualquier idea que tengamos va a ser mejor si uno
está dispuesto a escuchar sugerencias que la enri-
quezcan. Si un jugador me sugiere que podemos hacer tal cosa o tal otra, y entiendo que lo que está diciendo tiene más valor de lo que yo propongo, vamos
adelante con eso. Sin duda. No es algo que pase muy
a menudo pero puede pasar. Puede ocurrir con una
pelota parada, por ejemplo, donde el valor de lo que
dicen los futbolistas es alto porque son ellos los que
juegan. Que jueguen ellos es lo más lindo que tiene la
relación de un entrenador con sus futbolistas.

SI UN JUGADOR ME SUGIERE QUE PODEMOS HACER TAL COSA O TAL OTRA, Y ENTIENDO QUE LO QUE ESTÁ DICIENDO TIENE MÁS VALOR DE LO QUE YO PROPONGO, VAMOS ADELANTE CON ESO.

Si uno se logra aislar, en algún momento, del entrenador que es y trata de entrar en la mente de ellos para compaginar una cosa con la otra, la situación es ideal. Yo tomo las decisiones, pero hablo con los jugadores de circunstancias específicas del juego para ver cómo las ven, qué piensan y de ese modo sacar conclusiones sobre el juego.

Nunca tuve problemas por disputas de autoridad porque trato de que las funciones se definan con claridad. Tampoco siento que pierda autoridad si en un partido se da lo que me sugirió un jugador. No me interesa tener siempre la razón. Un equipo se conforma con muchas personas y pertenece a todos. No soy un entrenador dictador.

LOS MEJORES ENTIENDEN TODO

Los cracks son sabios y no traen problemas. Hay que ver en qué lugar los ponemos, pero no generan inconvenientes porque entienden y saben todo. Hablo de los cracks que son los ídolos de los chicos en el mundo, los que son celebridades y tienen mucha prensa, pero también de otros que aparentemente están en segundo plano como Sergio Busquets, que es como el Hombre Invisible y sin embargo comprende el juego de una manera extraordinaria.

NO ME INTERESA TENER SIEMPRE LA RAZÓN. UN EQUIPO SE CONFORMA CON MUCHAS PERSONAS Y PERTENECE A TODOS. NO SOY UN ENTRENADOR DICTADOR.

En lo que hace, Busquets es el mejor de todos. Es el que le permite al Barcelona jugar en el campo rival continuamente. Tiene una lectura total y absoluta del espacio, y una velocidad mental increíble para ver dónde está el error de los compañeros y la salida del rival, y no deja reiniciar el juego. Es muy difícil formar a un jugador así. Hay pocos con esas características, porque además de recuperar la pelota juega bien. Y lo hace desde la anticipación más que desde la recuperación, y en forma de salida rápida para su equipo. Porque cuando el Barcelona recupera la pelota, ¿es defensivo? Sí, es defensivo en el sentido de que recupera le pelota, pero también es ofensivo en la recuperación porque sucede en el campo del otro. Cuando recupera está defendiendo el juego sobre el área rival.

EN LO QUE HACE, BUSQUETS ES EL MEJOR DE TODOS. ES EL QUE LE PERMITE AL BARCELONA JUGAR EN EL CAMPO RIVAL CONTINUAMENTE.

Busquets es diferente porque es un verdadero jugador de equipo. Y si no tiene la trascendencia que se merece es porque el lugar que ocupa en el campo no le permite ser una figura a nivel publicitario. Nada más que eso. Pese a eso le ofrecen 100 millones de euros de varios lugares, y tiene 25 años aunque con el aplomo de un tipo de 40.

EL TRABAJO ES INVISIBLE, EL RESULTADO NO

Lo primero que hay que entender del hincha es que lo único que quiere es el triunfo. Todo lo demás es cuento. El hincha no analiza estrategias, no piensa que hay un proceso para llegar a una meta: quiere ganar. Una vez me preguntaron si me parecía cruel que uno esté todo el día trabajando y que el hincha no se entere de eso o no le importe. Y la verdad es que no me parece cruel. Simplemente las cosas son así. Cuando un cirujano va a operar a alguien del corazón lo tiene que hacer a la perfección, pero nadie sabe cómo lo hace.

Lo que sabe todo el mundo es que si la operación se hace mal, el paciente se muere; y si sale bien, sigue vivo. Y lo que nos interesa a todos es que esa persona siga viva. Ese era un gran argumento de Bilardo. Le preguntaron qué pensaba sobre el fútbol y él dijo: "A mí me enseñaron de chico que hay que ganar. Un día entré en la Facultad de Medicina y vi a un médico que tenía que operar del corazón. El tipo entró en el quirófano y el único resultado que servía era que el paciente siguiera vivo. Es lo mismo que en un partido. El único resultado que sirve es ganar".

ESE ERA UN GRAN ARGUMENTO DE
BILARDO. LE PREGUNTARON QUÉ
PENSABA SOBRE EL FÚTBOL Y ÉL DIJO:
"A MÍ ME ENSEÑARON DE CHICO QUE
HAY QUE GANAR. UN DÍA ENTRÉ EN LA
FACULTAD DE MEDICINA Y VI A UN MÉDICO
QUE TENÍA QUE OPERAR DEL CORAZÓN.
EL TIPO ENTRÓ EN EL QUIRÓFANO Y EL
ÚNICO RESULTADO QUE SERVÍA ERA
QUE EL PACIENTE SIGUIERA VIVO. ES LO
MISMO QUE EN UN PARTIDO. EL ÚNICO
RESULTADO QUE SIRVE ES GANAR".

Por eso, al margen de si a mí me gusta o no que el hincha entienda lo que hago, siempre creí que es difícil que comprenda a un entrenador, porque no es un crítico de fútbol. Los directores técnicos podemos tener un rechazo o una aceptación de la crítica, que es la que estudia y analiza lo que hacemos. Pero los hinchas no se dedican a eso. Ellos se guían por nuestra pasión, por nuestra dedicación, por cómo transmitimos las cosas, por los triunfos o derrotas de su equipo.

Pero no estoy seguro de que al hincha le importe cómo trabajo. Él quiere sentirse identificado con algo cuando su equipo entra en la cancha. De eso estoy seguro. Y si pasa eso, ya no importa si se gana o se pierde. Yo creo que todos los hinchas que van a ver los partidos en algún momento quisieron ser jugadores de fútbol, por eso lo único que quieren ver del jugador es su pasión. Eso es lo que hay que transmitirles a los hinchas porque la gente intuye enseguida si tenés pasión o no como jugador.

Aunque cueste creerlo, no voy detrás del reconocimiento. No hago las cosas para que me las reconozcan. Las hago porque me gustan a mí y porque me siento a gusto cuando las hago a mi manera. Tal vez sea una rareza en mi rubro. Si me preguntan: "A ver, ¿vos querés jugar bien para que los demás alaben tu juego?", yo contesto que no. Lo que quiero es ganar, y no me interesa si esto le gusta o no a alguien. Pero como se está dentro del juego, sé que llegar al Atlético de Madrid y no hacer un juego extremadamente vistoso pero con buenos resultados puede producir alguna confusión. Uno mismo, sin decidirlo, termina dentro de esa polémica que obliga a tomar una posición a favor o en contra de algo.

YO CREO QUE TODOS LOS HINCHAS QUE
VAN A VER LOS PARTIDOS EN ALGÚN
MOMENTO QUISIERON SER JUGADORES
DE FÚTBOL, POR ESO LO ÚNICO QUE
QUIEREN VER DEL JUGADOR
ES SU PASIÓN.

Igualmente, eso me tiene sin cuidado. No voy detrás de la seducción de los demás, solamente me gusta seducir a mis jugadores. Mi mejor inversión está en los futbolistas. Por ellos me entrego, intento mejorar y seguiré aportando todo lo que pueda mientras mi cabeza me lo permita. Estar bien con ellos es la única manera de seguir avanzando y mejorando.

9. GANAR

En algún momento del camino hacia un título se presenta el problema de ganar. Se está muy cerca del objetivo, parece que la inercia de los triunfos conduce a la meta, pero surgen dificultades inesperadas. Cuando salimos campeones con el Atlético en 2014, faltaban dos fechas y fuimos a jugar contra el Levante. Ganando podríamos habernos asegurado la primera plaza y después definir de local contra el Málaga. Pero perdimos con un gol en contra. Zafamos porque el Real Madrid, que le ganaba 2-0 al Valencia de local, terminó 2-2 y en el último minuto metió un tiro en el palo. A los tres días el Real Madrid jugó un partido pendiente contra el Valladolid y volvió a perder y entonces quedó definitivamente afuera. Esos nos reacomodó, pero la derrota contra el Levante fue un cimbronazo.

CUANDO SE LLEGA AL FINAL DE UN CAMINO LARGO, LA MENTE VUELA PORQUE NO ES SOLO EL ÚLTIMO PARTIDO, SINO TODA LA SEMANA PREVIA LA QUE PUEDE LLEVAR A GANAR EL CAMPEONATO.

Esa situación, en la que se invierte en un trabajo a largo plazo, sumando etapas para acercarse al objetivo después de un año de esfuerzo, es diferente a cuando se juega una final como la que nos tocó en la Champions League de 2015, porque los partidos de eliminación directa tienen otras características. En cambio, cuando se llega al final de un camino largo, la mente vuela porque no es solo el último partido, sino toda la semana previa la que puede llevar a ganar el campeonato. Entonces se empiezan a imaginar cosas que no sucedieron. Es como un momento de delirio y hay que tener los pies sobre la tierra. Cuando nos toca jugar en circunstancias de ese tipo y estamos cerca de ganar algo, yo siempre les digo a mis jugadores que tengan cuidado del "antes". Porque en los momentos que anteceden a ese objetivo uno se imagina un montón de cosas que desvían del foco y se pierde de vista hacia dónde se estaba dirigiendo. Ese proceso es invisible porque está dentro del jugador. Uno ve solo el partido, pero también existe ese partido paralelo donde se juegan las fantasías personales. Falta poco para jugar un encuentro importante y tal vez el jugador está solo en la casa y se empieza a dar manija con cuestiones difíciles de controlar.

En el último paso, el que se logra aislar más de todo el entorno que lo rodea es el que mejor juega. Cada uno entiende a su manera cómo aislarse. A veces hay jugadores a los que se los ve distintos en los momentos de definición. Se nota que están inmersos en una responsabilidad fuera de lo común. En ese último paso antes de ganar algo importante, el que va a jugar mejor es aquel que se centra en el objetivo de jugar a la pelota, adaptarse a las circunstancias del juego e interesarse en todo lo que necesita el partido para alcanzar el triunfo.

UNO VE SOLO EL PARTIDO, PERO TAMBIÉN EXISTE ESE PARTIDO PARALELO DONDE SE JUEGAN LAS FANTASÍAS PERSONALES.

No es que haya que armar un comité de crisis para afrontar estas cosas. Hay momentos diferentes. A veces, es necesario hablar con todos juntos; otras no; y también hay momentos en los que resulta mejor callar. Primero hay que observar y después intervenir de manera concreta.

En una final como la de la Champions, que perdimos con el Real Madrid, la situación era distinta. Había mucha más concentración porque era un solo partido de vida o muerte. Y en un partido se sabe que se gana o pierde. Es una final. No existe la posibilidad de recuperarse durante la semana siguiente. En cambio, en las fechas finales de un campeonato largo se mantiene todo en el aire y el objetivo se ve más fácil. Unas fechas antes de ganar la liga en 2014, vencimos al Valencia y los pibes ya se sentían campeones. Ese es el momento más peligroso de todos, cuando se palpita lo que todavía no se alcanzó.

ESE ES EL MOMENTO MÁS PELIGROSO DE TODOS, CUANDO SE PALPITA LO QUE TODAVÍA NO SE ALCANZÓ.

En cambio, cuando perdimos la final de la Champions estaba tranquilo conmigo. Vi que mis jugadores habían dado la vida y que ellos fueron mejores que nosotros. Se escapa una final en el minuto 93 y eso acerca a la amargura y al sufrimiento. Pero ellos fueron superiores, no se puede ocultar. Cuando pasa algo así no hay más que felicitar al otro y aceptar la derrota. Es conveniente tener una percepción realista de las cosas. Recuerdo que me fui aplaudido de la conferencia de prensa. En eso momentos uno puede encontrar matices para justificar una derrota pero la realidad es la realidad. Y de eso no se puede escapar. Escapar de la realidad significa estar mintiéndole a la gente.

SE ESCAPA UNA FINAL EN EL MINUTO 93 Y ESO ACERCA A LA AMARGURA Y AL SUFRIMIENTO. PERO ELLOS FUERON SUPERIORES, NO SE PUEDE OCULTAR. CUANDO PASA ALGO ASÍ NO HAY MÁS QUE FELICITAR AL OTRO Y ACEPTAR LA DERROTA.

Fue doloroso porque siempre quiero ganar. ¿Cómo me gusta ganar? Haciendo un gol más que el otro. Es un juego de palabras pero tiene su verdad. Nosotros queremos triunfar y la única forma es haciendo por lo menos un gol más que el rival. Después, los caminos que llevan a la victoria son numerosos. La "forma" que me importa a mí es la de hacer un gol más que el contrario.

¿CÓMO ME GUSTA GANAR? HACIENDO UN GOL MÁS QUE EL OTRO. ES UN JUEGO DE PALABRAS PERO TIENE SU VERDAD.

Para ganar resulta necesario conservar la atención frente a todas las situaciones que se van presentando. Bielsa dice que hasta hay que saber jugar mal. El partido tiene noventa minutos de los cuales uno puede dominar veinte, pasar a ser dominado quince, con otros veinte donde no pasa nada más y diez minutos finales en los que se vuelve al control.

En todos esos pasajes de un mismo partido, la mejor preparación, según el orden que tenga el equipo, le va a permitir sentirse mejor en los momentos de sufrimiento. Con menos trabajo de equipo, las "horas pico" de sufrimiento van a ser peores. Lo que mejor prepara para las situaciones de dificultad que aparecen en los partidos es tener un equipo que logre sufrir en conjunto. Y eso no es fácil.

LO QUE MEJOR PREPARA PARA LAS SITUACIONES DE DIFICULTAD QUE APARECEN EN LOS PARTIDOS ES TENER UN EQUIPO QUE LOGRE SUFRIR EN CONJUNTO. Y ESO NO ES FÁCIL.

CUANDO VA MAL, VA MAL

El asunto del éxito y el fracaso es complejo. Uno puede tener falsa humildad cuando triunfa y tener algún consuelo cuando pierde. Según cómo sea el triunfo o la derrota, las cosas se mezclan y en cada caso hay un poco de todo. Pero está claro que cuando va mal, va mal. Después podemos matizar afirmando que la derrota deja un aprendizaje, algún tipo de éxito, lo que de alguna manera es cierto. Desde la posición del entrenador, esos momentos significan un crecimiento, digamos que nos quedan aspectos valiosos de las experiencias negativas que al entrenador lo enriquecen. En los casos del hincha y el dirigente, para ellos la experiencia negativa no tiene nada bueno.

La decisión de irse de algún lado tiene que ser meditada y estar basada en una consideración hecha con frialdad de todos los elementos. Cuando me fui de River, entendimos con el cuerpo técnico que, más allá de que los chicos estaban enganchados con nuestro trabajo y obviamente tenían una relación de compromiso importante con el proyecto, esas cosas no se reflejaban en el campo. Cuando ocurre eso hay que tomar decisiones. Y dentro de las decisiones que se toman, a veces la mejor es la más dolorosa.

CUANDO ME FUI DE RIVER, ENTENDIMOS CON EL CUERPO TÉCNICO QUE, MÁS ALLÁ DE QUE LOS CHICOS ESTABAN ENGANCHADOS CON NUESTRO TRABAJO Y OBVIAMENTE TENÍAN UNA RELACIÓN DE COMPROMISO IMPORTANTE CON EL PROYECTO, ESAS COSAS NO SE REFLEJABAN EN EL CAMPO.

Pero tengo una linda historia. Estábamos en México con River, jugando la Copa Sudamericana. Habíamos perdido 2-1 de local. En el partido de vuelta ganábamos 2-0 en el primer tiempo, nos empatan 2-2, sobre la hora nos erramos dos goles tremendos y quedamos eliminados. Nosotros aspirábamos a la Copa Sudamericana después de haber salido campeones, entonces, cuando quedamos eliminados, tomé la decisión de irme y se los comuniqué a ellos el día después del partido, durante el almuerzo. Obviamente, por el afecto que nos teníamos, fue un momento muy emocionante.

Era algo que ya tenía en la cabeza. Veía que los chicos me estaban dando todo. En el campeonato nos estaba costando, pero en la Sudamericana nos estaba yendo bien. Pensé que pasar la eliminatoria en México nos iba a dar fortaleza y energía como para que el equipo siguiera respondiendo en los dos frentes a partir de la ilusión de ganar esa copa. Pero eso no ocurrió y, entonces, entendí que se había roto un poco el juego. No porque ellos se hubieran alejado de la idea común que teníamos, como puede pasar en otros momentos, sino porque no había resultados dentro del campo.

Les comuniqué mi decisión y me fui a mi habitación. A los quince minutos me golpearon la puerta y vinieron a verme doce jugadores para pedirme que me quedara. Les dije que la realidad era lo que pasaba en el campo y que por más que ellos tuvieran ese ida y vuelta conmigo, no podíamos alejarnos de la realidad que nos estaba indicando el juego. También les dije que lo mejor que nos podía pasar a todos era que yo diera un paso al costado, que viniera otra persona y que, a partir de eso, ellos volvieran a estar bien.

LES DIJE QUE LA REALIDAD ERA LO QUE PASABA EN EL CAMPO Y QUE POR MÁS QUE ELLOS TUVIERAN ESE IDA Y VUELTA CONMIGO, NO PODÍAMOS ALEJARNOS DE LA REALIDAD QUE NOS ESTABA INDICANDO EL JUEGO.

Cuando las cosas van bien en el entrenamiento y mal en la cancha es porque hay un puente que se rompió. Las razones pueden ser varias, una de ellas puede ser emocional. En ese caso, lo que pasa es que el futbolista se va alejando del entrenador porque ya no cree en lo que le pide. Pero también puede ocurrir que el futbolista haga todo lo que le pide el entrenador y los resultados no lleguen. En la primera situación, todo es más fácil como entrenador porque es algo que se intuye rápidamente y la decisión de irse resulta menos dolorosa. Siempre es más fácil cuando se advierte que la gente se aleja de uno desde lo emocional. La otra es más difícil, porque los tipos están dando todo, se tiran de cabeza para sostener las ideas y el trabajo que se viene desarrollando pero en el campo, que es donde se tiene que ejecutar el plan, no sale. Y ahí es donde uno tiene que dar un paso más allá, alejar el sentimiento y decir: "Me voy porque es lo mejor para todos".

CUANDO LAS COSAS VAN BIEN EN EL ENTRENAMIENTO Y MAL EN LA CANCHA ES PORQUE HAY UN PUENTE QUE SE ROMPIÓ. LAS RAZONES PUEDEN SER VARIAS, UNA DE ELLAS PUEDE SER EMOCIONAL.

10. LIDERAR

Una de las diferencias sustanciales entre el entrenador y el jugador es que cambia el objeto de interés. El objeto del jugador es la pelota, en cambio el objeto del técnico es el jugador y también el juego. Ese es un poco el esquema. Me parece que el técnico ve todo desde más atrás, con más panorama. Se relaciona con el crecimiento. Cuando uno es chico quiere jugar a la pelota; luego las cosas cambian. Hay chicos que interpretan el entrenamiento con la intensidad que yo les exijo. Y hay otros que, más allá de que se los exija, les cuesta ingresar a ese túnel por el que se termina creyendo que el entrenamiento es un partido de fútbol.

La búsqueda del entrenador es la de tratar de que logren engancharse con la situación que se plantea. Creo que el jugador más grande interpreta que hay que entrenar más fuerte, metiéndose en ese túnel que lo lleva a la cabeza del entrenador. También hay otros que quieren jugar a la pelota y están pensando más en eso. Por ejemplo, frente a un trabajo individualizado por posiciones que replica lo que pasa con los roles de cada jugador, están aquellos que se sumergen dentro de la situación que luego van a vivir en el partido, a los que les cuesta esa compenetración y quienes lo llevan adelante diciendo: "Estoy haciendo un trabajo".

CREO QUE EL JUGADOR MÁS GRANDE INTERPRETA QUE HAY QUE ENTRENAR MÁS FUERTE, METIÉNDOSE EN ESE TÚNEL QUE LO LLEVA A LA CABEZA DEL ENTRENADOR.

La maduración siempre cambia el punto de vista. Como jugador de experiencia y como entrenador, la atención se enfoca en una serie de factores que antes resultaban ajenos. Se empiezan a observar otras cosas, mientras que cuando uno es chico lo único que importa es jugar a la pelota, tenerla, no largarla nunca, elaborar solo juegos de ataque.

En realidad es la experiencia lo que permite contar con una perspectiva más amplia.

A mí me gusta decir que los grandes futbolistas de la historia han tenido algún poder, pero también creo que la palabra poder es peligrosa porque se puede malinterpretar. Lo que sí es cierto es que dentro de los grupos ocupamos lugares. Posiblemente desde lo expresivo, tener al Maradona futbolista de tu lado permitía, como expresé anteriormente, poseer una carta más que los demás. Siempre. Su presencia nos hacía pensar que en cualquier momento podíamos ganar el partido.

A MÍ ME GUSTA DECIR QUE LOS GRANDES FUTBOLISTAS DE LA HISTORIA HAN TENIDO ALGÚN PODER, PERO TAMBIÉN CREO QUE LA PALABRA PODER ES PELIGROSA PORQUE SE PUEDE MALINTERPRETAR.

El club le brinda al entrenador la posibilidad de manejar un grupo y, al mismo tiempo, un poder para trabajar con ese grupo. Pero a mí la idea de tener poder no me gusta mucho, me parece que puede conducir a que alguien se vuelva muy estricto y a creer en una superioridad frente al otro que no tiene. Además, es tremendamente peligroso si se lo utiliza mal.

A mí, ese "poder" que me dan me gusta llamarlo trabajo. Yo trabajo para el club y para potenciar a los jugadores. Por supuesto que la actividad que uno hace puede producir felicidad o tristeza en millones de personas. Pero, por suerte, en algún punto yo no me detengo a observar toda esa situación que fuimos construyendo mientras intentamos alcanzar algún objetivo. Hay momentos en que se advierte que el trabajo es importante para el grupo, para los jugadores y para todo el sistema que se está creando de manera colectiva. Ahora, en el día a día, me alejo totalmente de la idea o la sensación de creer que soy más importante que las otras piezas del sistema.

A MÍ, ESE "PODER" QUE ME DAN ME GUSTA LLAMARLO TRABAJO. YO TRABAJO PARA EL CLUB Y PARA POTENCIAR A LOS JUGADORES.

Tengo el recuerdo de una etapa como futbolista en la que íbamos a construir un equipo campeón, muy bueno. Y el entrenador lo fue destruyendo porque el club le dio demasiado poder. Salimos campeones, pero el poder que le dieron fue tan grande que hizo que el club fracasara en el futuro. Es tan peligrosa esa situación que cuando se presenta hay que tratar de evitarla. Por eso prefiero hablar menos de poder y más de liderazgo.

TENGO EL RECUERDO DE UNA ETAPA COMO FUTBOLISTA EN LA QUE ÍBAMOS A CONSTRUIR UN EQUIPO CAMPEÓN, MUY BUENO. Y EL ENTRENADOR LO FUE DESTRUYENDO PORQUE EL CLUB LE DIO DEMASIADO PODER.

El poder va y viene, y me parece que nunca puede apropiárselo del todo El que lo tiene, siempre está a un paso de que lo echen. Se siente importante mientras lo conserva, pero como no le pertenece, no es imprescindible. El liderazgo que me gusta ejercer a mí, y que no sé si vincularlo con la palabra "poder", porque el poder se da apenas en un momento, es algo más permanente, algo que se siente en el interior de cada uno porque quizás es innato. Pero al mismo tiempo es algo que no se busca, surge solo. La palabra "poder", en cambio, me produce rechazo.

POR ESO PREFIERO HABLAR MENOS DE PODER Y MÁS DE LIDERAZGO.

Yo sé que tengo un liderazgo, pero nunca lo busqué. Lo sentí desde chico y me daba cuenta de que era así. Pero el liderazgo no se construye en soledad. Toda la gente de la que me fui rodeando fue la que me enseñó a construirlo y a transmitírselo a los demás. Ahora, si me preguntan: "¿Qué es lo que hacés?, ¿en qué consiste tu liderazgo?", no sé qué contestar porque, en realidad, hago lo que me sale. Y eso quizás tenga un formato de liderazgo que pueda inspirar a los demás.

LUCHAR DESDE EL PRIMER MINUTO

Cuando uno va a emprender un proceso largo nunca tiene que subestimar los principios. Subestimar el comienzo de algo es dar una ventaja que a veces no se puede remontar aunque parezca que existe todo el tiempo del mundo para hacerlo. En todas las cosas hay un principio. Los campeonatos tienen un principio, los partidos tienen un principio, las jugadas tienen un principio y nunca se debe ceder la iniciativa porque nunca sabemos cuánto nos puede costar eso.

EL LIDERAZGO QUE ME GUSTA EJERCER A MÍ, Y QUE NO SÉ SI VINCULARLO CON LA PALABRA "PODER", PORQUE EL PODER SE DA APENAS EN UN MOMENTO, ES ALGO MÁS PERMANENTE, ALGO QUE SE SIENTE EN EL INTERIOR DE CADA UNO PORQUE QUIZÁS ES INNATO.

Un día estábamos en un entrenamiento del Atlético haciendo un ejercicio de iniciativa que consistía en presionar uno contra uno y me quedé hablando con Filipe Luis. Le dije: "¿Sabés cuál es la diferencia entre ganarla o perderla? La iniciativa que tengas para leer el momento y atacar al rival cuando adelanta la pelota". Es un momento en que si se tomó la iniciativa, se gana. Porque el que tiene que controlar la pelota está pensando en que uno se le está yendo encima y, aunque no se llegue, se lo pone en una situación de incomodidad mental.

YO SÉ QUE TENGO UN LIDERAZGO, PERO NUNCA LO BUSQUÉ. LO SENTÍ DESDE CHICO Y ME DABA CUENTA DE QUE ERA ASÍ. PERO EL LIDERAZGO NO SE CONSTRUYE EN SOLEDAD. TODA LA GENTE DE LA QUE ME FUI RODEANDO FUE LA QUE ME ENSEÑÓ A CONSTRUIRLO Y A TRANSMITÍRSELO A LOS DEMÁS.

Un campeonato empieza en el primer minuto del primer partido. En realidad, todas las luchas empiezan en el primer minuto, salvo que se las dé por perdidas de antemano. También es cierto que cada lucha tiene su dinámica. El primer tiempo de un partido no es igual al segundo. En las eliminatorias de la Champions o la Copa del Rey, el primer partido no es lo mismo que el segundo. En el primero hay tiempo: se juega. Pero el segundo, juegues de local o de visitante, es la consecuencia de lo que pasó en el primero. Y la segunda vuelta de un campeonato es la consecuencia de lo que pasó en la primera, así como el primer tiempo es la causa de lo que va a pasar en el segundo.

CUANDO UNO VA A EMPRENDER UN PROCESO LARGO NUNCA TIENE QUE SUBESTIMAR LOS PRINCIPIOS. SUBESTIMAR EL COMIENZO DE ALGO ES DAR UNA VENTAJA QUE A VECES NO SE PUEDE REMONTAR AUNQUE PAREZCA QUE EXISTE TODO EL TIEMPO DEL MUNDO PARA HACERLO.

Está claro, desde el principio de cualquier situación de juego, que la iniciativa que se proponga va a servir para sacar partido o no. Sin embargo, uno está en un equipo que tiene que jugar contra otro. No se está solo. Se trata de una situación de competencia. Entonces se juega contra una serie de cuestiones. Aspectos ambientales, aspectos íntimos de los jugadores, el sistema de juego contrario, los rivales, el poder de algún crack que pueda tener el rival. No soy de hacer una lista, pero es evidente que en cada uno de los equipos a los que se va a enfrentar se presenta una serie de problemas a enfrentar.

TODAS LAS LUCHAS EMPIEZAN EN EL PRIMER MINUTO, SALVO QUE SE LAS DÉ POR PERDIDAS DE ANTEMANO.

Lo que yo busco desde el análisis es intuir dónde los rivales tienen más problemas. A partir de ahí empieza la preparación del partido, porque, como ya dije, el partido empieza en la semana previa, que es el momento en que se arma para llegar lo mejor posible. Casi todo está ahí, ya que mis charlas técnicas son mínimas. Duran cinco o seis minutos en el vestuario. Lo que me interesa es llegar al partido con buena información sobre diversas cosas, para que sea el futbolista el que llegue al partido ya jugándolo, teniéndolo en la cabeza, intentando desarrollar de antemano su propio talento y su compromiso con un sistema que le permita trabajar mejor defensiva u ofensivamente.

LO QUE YO BUSCO DESDE EL ANÁLISIS ES INTUIR DÓNDE LOS RIVALES TIENEN MÁS PROBLEMAS. A PARTIR DE AHÍ EMPIEZA LA PREPARACIÓN DEL PARTIDO.

Cada partido es un proceso. Se empieza a jugar en la conferencia de prensa porque hoy el poder de la comunicación es enorme. No sé si es un juego de espías, pero lo cierto es que uno va llevando adelante estrategias sobre cómo vender la manera en que se va a jugar. Esas estrategias pueden estar basadas en la verdad o en el "engaño".

Algunos creen que un partido empieza en el campo. No es cierto, empieza mucho antes. El partido de hoy domingo empezó la semana anterior. Por ejemplo, vamos a jugar contra un equipo que tiene su lateral izquierdo con un hombro malo. Es una información con la que se cuenta mucho antes de que empiece el partido. Es evidente que ante cualquier situación, ese lateral no va a saltar. Entonces, ya no se está hablando solo de fútbol sino de un detalle preciso que en el partido seguramente va a determinar una acción: la de atacar por ese flanco débil.

Es solo una acción. Pero esa acción, más otra acción y otra, más la preparación general del equipo en la semana y la posibilidad de interpretar bien el plan brindan un estado de confianza.

UNA VEZ QUE EMPIEZA EL PARTIDO NO ME PREOCUPO TANTO POR VER LA POSICIÓN PLANIFICADA DEL EQUIPO. ESO NO ES LO QUE ME TRANQUILIZA, SINO VER QUE ESTÉN BIEN LOS CUATRO O CINCO JUGADORES QUE SON MUY IMPORTANTES DENTRO DEL EQUIPO.

Una vez que empieza el partido no me preocupo tanto por ver la posición planificada del equipo. Eso no es lo que me tranquiliza, sino ver que estén bien los cuatro o cinco jugadores que son muy importantes dentro del equipo. Hablo de jugadores, no de juego. Cuando veo que esos jugadores representativos responden a sus características individuales, uno desde lo defensivo, el otro desde la recuperación de la pelota y otro atacando, entiendo que el partido va a ir por buen cauce. Cuando arrancan mal, me doy cuenta enseguida. No sé si en esas condiciones vamos a perder necesariamente, pero seguro vamos a enfrentar gran cantidad de problemas porque son los jugadores que sostienen al equipo. Sin esos jugadores no hay equipo. Nunca. Así como sin columnas no hay una casa.

UNA CARRERA POR VARIAS PISTAS

La preparación de un partido es como una carrera por varias pistas. En realidad, cada aspecto que desarrollamos depende de distintas variables que ocurren sucesivamente. Hay que llegar a un objetivo y para hacerlo resulta fundamental conducirse por varias ramas. Todo tiene su peso, aunque al principio nunca se sepa cuál es. Pero, por ahí, en eso que pareció insignificante, se encuentra el último milímetro de recorrido que lleva al triunfo.

Desde la conferencia de prensa hasta un saque lateral bien hecho se va generando la energía necesaria para emplearla en el partido. Eso articula todo lo que se fue gestando durante días para llegar al momento clave en un estado más o menos ideal.

DESDE LA CONFERENCIA DE PRENSA HASTA UN SAQUE LATERAL BIEN HECHO SE VA GENERANDO LA ENERGÍA NECESARIA PARA EMPLEARLA EN EL PARTIDO.

Cuando llegué al Atlético intentaba dar conferencias como las que hacía en la Argentina, los días martes, para que los futbolistas, desde la lectura y observación de lo que yo dijera, conocieran la línea a seguir. Es algo que no se habla directamente. Pero si uno es inteligente y el entrenador dice en la conferencia: "Vamos a ir por este lado", como futbolista no es posible salirse de esa línea si se está más o menos enganchado con el grupo. Entonces, dando la conferencia de prensa el martes, se invita a los futbolistas a seguir un camino aunque esto no se los exprese directamente. Si se habla el sábado, transcurrió la semana y ya no sirve.

El entrenador es como si fuese un gerente de varias áreas. Cuando llegué al club como técnico, empecé a hablar con los acomodadores de autos, los utileros, el que está en la puerta de servicio, porque, históricamente, al Atlético de Madrid siempre se le dijo que era "pupa", que es como decir "mufa" en la Argentina. Para mí era raro porque es una experiencia que nunca tuve en el Atlético. La verdad es que siempre me han tocado situaciones muy buenas. Pero esas cosas de la buena o la mala suerte parten de la energía del ambiente, no de los jugadores, que no tienen nada que ver.

DANDO LA CONFERENCIA DE PRENSA EL MARTES, SE INVITA A LOS FUTBOLISTAS A SEGUIR UN CAMINO AUNQUE ESTO NO SE LOS EXPRESE DIRECTAMENTE. SI SE HABLA EL SÁBADO, TRANSCURRIÓ LA SEMANA Y YA NO SIRVE.

Entonces, al incorporarnos al club con mi cuerpo técnico, como dije, tratamos de involucrar a todos diciéndoles que cuando los jugadores llegaran al estacionamiento para entrenar, si los recibían con energía, con onda positiva y optimismo, el jugador iba a entrar de otra manera a su trabajo. Eso, para mí, es crear un sistema. Me junté con todos los colaboradores y hablé de la importancia de cada uno, porque interpreto que cada pequeña situación forma la fuerza que después se va transmitiendo para que los chicos jueguen bien.

AL INCORPORARNOS AL CLUB CON MI CUERPO TÉCNICO, TRATAMOS DE INVOLUCRAR A TODOS DICIÉNDOLES QUE CUANDO LOS JUGADORES LLEGARAN AL ESTACIONAMIENTO PARA ENTRENAR, SI LOS RECIBÍAN CON ENERGÍA, CON ONDA POSITIVA Y OPTIMISMO, EL JUGADOR IBA A ENTRAR DE OTRA MANERA A SU TRABAJO. ESO, PARA MÍ, ES CREAR UN SISTEMA.

Si vamos a un partido con lluvia y llegamos a escuchar a uno que dice que la cancha está mala, lo peleamos. ¡La cancha está perfecta! No hay calor, no hay lluvia, no hay barro. Porque cuando se era chico, se jugaba a la pelota sin prestar ninguna atención a todo eso. La concentración requiere, muchas veces, amputar las circunstancias, alejarlas de uno si son negativas, no tenerlas en cuenta. Volviendo a los principios, en el sentido de comienzo e iniciativa, también hay un comienzo general de las cosas que involucra al conjunto del club y que forma una cadena, una masa, desde el presidente hasta el último colaborador.

LA CONCENTRACIÓN REQUIERE, MUCHAS VECES, AMPUTAR LAS CIRCUNSTANCIAS, ALEJARLAS DE UNO SI SON NEGATIVAS, NO TENERLAS EN CUENTA.

11. ENSEÑAR

Me cuesta darle una escala objetiva a la importancia que el fútbol tiene en mi vida. Es algo que debe pasarle a cualquier persona apasionada por su trabajo. Porque ¿cómo medís la pasión? El fútbol, para mí, son las 24 horas del día. Por supuesto que por más importante que sea una pasión, siempre hay algo por encima. La familia y cualquier necesidad que los miembros de ella tengan son más importantes que el deporte.

Cuando nació mi primer hijo, estaba concentrado y no fui a ver su nacimiento. Todavía me duele. Hoy, cuando un jugador está en una situación de ese tipo, le insisto para que vaya. A partir de la experiencia que me tocó vivir, hoy sé lo que le tengo que decir a un futbolista que pasa por una situación familiar que él determina como importante. Es un momento en el que es necesario aconsejar. Nace un hijo y el jugador ya no es futbolista, es padre.

POR SUPUESTO QUE POR MÁS
IMPORTANTE QUE SEA UNA PASIÓN,
SIEMPRE HAY ALGO POR ENCIMA.
LA FAMILIA Y CUALQUIER NECESIDAD
QUE LOS MIEMBROS DE ELLA TENGAN
SON MÁS IMPORTANTES
QUE EL DEPORTE.

Estar lejos de mis hijos es la parte más difícil de ser entrenador en el Atlético. Siento que la experiencia laboral en Europa es fantástica y no creo que el hecho de no verlos todos los días me condicione respecto de la relación que podemos construir, pero a veces me pregunto si no sería mejor estar con ellos. Me parece que, de algún modo, uno es egoísta cuando decide hacer una carrera. Pero, al mismo tiempo, es una posibilidad de enseñarles a nuestros hijos que uno tiene que ir detrás de sus objetivos. Porque posiblemente yo no sería el mismo padre si pasara todos los días con ellos, o no tendríamos el ida y vuelta que tenemos a la distancia si estuviera cerca de ellos pero haciendo algo que no me hace feliz.

La mejor manera de transmitirles buena energía a los que uno quiere es sintiéndose bien uno mismo.

SIENTO QUE LA EXPERIENCIA LABORAL EN EUROPA ES FANTÁSTICA Y NO CREO QUE EL HECHO DE NO VERLOS TODOS LOS DÍAS ME CONDICIONE RESPECTO DE LA RELACIÓN QUE PODEMOS CONSTRUIR, PERO A VECES ME PREGUNTO SI NO SERÍA MEJOR ESTAR CON MIS HIJOS.

Cuando surgió la oportunidad de dirigir al Atlético, yo era el entrenador de Racing por segunda vez. Habíamos terminado la temporada y había viajado con mi hijo Giuliano a Mar del Plata. Entonces me llamaron de Madrid y me dijeron que era un momento importante del club, muy difícil, y empezaron a tratar de convencerme. Hablé con mi hijo, que en ese momento tenía ocho años, y le conté que había surgido la oportunidad de trabajar en el Atlético de Madrid. Él me preguntó: "¿Vas a dirigir a Falcao?, ¿vas a jugar contra Ronaldo y contra Messi?". Yo le respondí que sí y entonces él me dijo: "Pá, si te va bien, no te voy a ver más". Me mató. Le aseguré que sí nos íbamos a ver, aunque está claro que hay una pérdida de tiempo que no se recupera. Al mismo tiempo, creo que los chicos ponen en la balanza el hecho de que me ven feliz.

38 DÍAS JUGANDO AL FÚTBOL

Una vez, alguien hizo el cálculo de mi vida como futbolista. Sumando los más de seiscientos partidos que jugué, llegaba a una cantidad de horas equivalentes a unos 38 días. De esos 38 días, ¿cuántas veces habré tocado la pelota? La media de un jugador es de dos o tres minutos por partido. Cada vez que se toca la pelota es un segundo, lo que demuestra lo importante que son los espacios.

En mi opinión, si dejé una obra como jugador es una mezcla de pasión, transparencia y también identificación con una forma de juego. Me identifico con lo concreto. Una vez fui a dar un examen al colegio y me preguntaron qué animal me gustaba y por qué, dije: "El perro, porque sí".

No soy de observar imágenes de mí mismo como futbolista. No me detengo mucho en eso. Alguna vez puedo mirar algún gol. Eso se debe a que tengo una buena relación con el pasado. Soy una persona que no depende del pasado.

EN MI OPINIÓN, SI DEJÉ UNA OBRA COMO JUGADOR ES UNA MEZCLA DE PASIÓN, TRANSPARENCIA Y TAMBIÉN IDENTIFICACIÓN CON UNA FORMA DE JUEGO.

CADA CUAL EN SU LUGAR

El entrenador debe entender que no es el director de la orquesta. Es un instrumento de los dirigentes. En el momento que cree ser el director de la orquesta, pierde. El vínculo que se establece con los dirigentes y los jugadores puede tener momentos de tensión porque uno está en el medio.

Es un error considerar que uno está "arriba". Hay un empleador del cual depende, en alguna medida, la suerte de uno según la lectura que él realice. Porque muchas veces hay técnicos que se van en el momento en que les va bien o que se quedan cuando no les va tan bien. Lo importante, insisto, es saber que uno no es el director de la orquesta, por más que sea el entrenador y tenga un lugar de gran exposición que, en ocasiones, podría parecer más importante que el de los dirigentes.

Se trata de una cuestión de roles públicos. Siempre tuve muy claro que existe una persona por encima de mí a la cual tengo que rendirle cuentas, porque de la misma manera que yo les exijo a los míos, él me exige a mí.

LO IMPORTANTE, INSISTO, ES SABER QUE UNO NO ES EL DIRECTOR DE LA ORQUESTA, POR MÁS QUE SEA EL ENTRENADOR Y TENGA UN LUGAR DE GRAN EXPOSICIÓN QUE, EN OCASIONES, PODRÍA PARECER MÁS IMPORTANTE QUE EL DE LOS DIRIGENTES.

En los cargos de responsabilidad es importante saber poner a cada uno en su lugar, pero también ocupar el lugar que corresponde. Eso es lo más difícil y lo más peligroso, sobre todo porque cuando se está en el mejor momento esto puede confundir.

Al no atravesar un buen momento no resulta tan fácil confundirse porque se depende siempre del otro: uno espera el llamado y que lo echen. El problema es cuando las cosas marchan muy bien y el dirigente, ante la tranquilidad, deja trabajar al entrenador y este confunde la confianza que le dan para manejar un equipo de fútbol con ser el dueño del club.

Siempre me llevé bien con los dirigentes y nunca me fui con una pelea. Siempre me he sentado a hablar. Julio Alegre, el presidente de Estudiantes, estaba desolado porque dejaba el club, pero yo le había contado todos los pormenores por los que había tomado la decisión y él me entendió. En River me pasó algo parecido con José María Aguilar. En la previa del partido en el que quedamos eliminados de la Copa Sudamericana, sabiendo que no estábamos en un momento bueno, me llamó aparte y me dio para firmar un contrato por dos años. Pero lo rechacé. Era una propuesta de verdad, no de palabra, y, se quiera o no, un contrato por dos años es una comodidad, aunque las cosas no estuvieran bien.

EL PROBLEMA ES CUANDO LAS COSAS
MARCHAN MUY BIEN Y EL DIRIGENTE,
ANTE LA TRANQUILIDAD, DEJA
TRABAJAR AL ENTRENADOR Y ESTE
CONFUNDE LA CONFIANZA QUE LE DAN
PARA MANEJAR UN EQUIPO DE FÚTBOL
CON SER EL DUEÑO DEL CLUB.

Me resultó extraño que nos hayan echado la culpa a nosotros del descenso de River. Jugamos catorce partidos. De seis campeonatos por el descenso nosotros no llegamos a jugar uno. Siempre me hago cargo de mi responsabilidad, pero sinceramente acá me cuesta verla.

A LA SUERTE HAY QUE AYUDARLA

Es cierto que no es tan fácil tener mucha mala suerte o mucha buena suerte. Pero sin dudas se está más cerca de tener suerte si se ha trabajado más. El que tiene un porcentaje de astros a favor es porque trabaja para que se activen. También está la gente que tiene algo especial y que es difícil de describir. Ancelotti fue al Milan y ganó la Champions, fue al Real Madrid y la ganó otra vez, y perdió una contra el Liverpool en un partido en el que iba ganando 3-0 en el primer tiempo. El azar puede estar presente en numerosas ocasiones, pero también es importante la continuidad del trabajo, porque, por ejemplo, él jugó tres finales de Champions.

Yo no me puedo quejar del azar. Me trató bien en más oportunidades de las que me trató mal. Igualmente, en la medida en que se van sumando partidos, todo tiende a equipararse. Es como las estadísticas de partidos ganados, perdidos y empatados. De los primeros 150 que dirigí en el Atlético de Madrid, ganamos cien. Es una locura. Claro que si uno se queda cuatro años más, se eleva la tasa de derrotas. Es algo lógico.

YO NO ME PUEDO QUEJAR DEL AZAR. ME TRATÓ BIEN EN MÁS OPORTUNIDADES DE LAS QUE ME TRATÓ MAL. IGUALMENTE, EN LA MEDIDA EN QUE SE VAN SUMANDO PARTIDOS, TODO TIENDE A EQUIPARARSE.

Hay otra estadística importante y es la de los partidos decisivos. Yo creo que en eso, por lo general, me ha ido bien. De siete finales que jugamos en el Atlético ganamos cinco y perdimos dos. Es más, en los noventa minutos no perdimos ninguna de las siete. Porque contra el Barcelona, por la Supercopa de España, salimos 1-1 de local y empatamos 0-0 de visitante, pero salió campeón el Barcelona por el gol de visitante. Y en la Champions, en los noventa minutos salimos 1-1. Son detalles que pasan desapercibidos, pero ganar cinco finales de siete es mucho. Con Estudiantes también nos tocó ganar la final de 2006 contra Boca. Fue la única final en la que se enfrentaron Boca y Estudiantes, y la ganamos.

A GUARDIOLA LE FUE BIEN CON LOS EQUIPOS JUVENILES. FUE ÉL QUIEN ARMÓ ESE GRAN BARCELONA Y OBTUVO GRANDES RESULTADOS. PERO HABRÍA QUE VER QUÉ HUBIERA PASADO SI LE TOCABA DIRIGIR A UN EQUIPO MÁS DÉBIL.

Cuando a un técnico se le pone el rótulo de ganador es porque sus equipos ganan los partidos importantes más que por las estadísticas. Pero siempre se trata de etapas. Porque todos los entrenadores medianamente importantes tienen etapas. Con buenos equipos, seguramente vas a estar más cerca de ganar. Para mí, los entrenadores somos todos muy parecidos. La diferencia que puede haber es que algunos tienen la posibilidad de entrenar a equipos mejores que otros porque han hecho el camino de determinada manera para llegar a esos equipos, o porque tuvieron la oportunidad y no la desaprovecharon.

Por ejemplo, a Guardiola le fue bien con los equipos juveniles. Fue él quien armó ese gran Barcelona y obtuvo grandes resultados. Pero habría que ver qué hubiera pasado si le tocaba dirigir a un equipo más débil.

LOS "GANADORES"

¿Cuál es la realidad del ganador y del perdedor? ¿Con qué herramientas cuentan? Un entrenador gana o pierde por múltiples circunstancias. Hay algunos que son ganadores porque ganaron más de lo que perdieron y casi siempre en batallas en las que estuvieron en inferioridad de condiciones. Por eso yo rechazo el rótulo de "ganadores".

HAY ALGUNOS QUE SON GANADORES PORQUE GANARON MÁS DE LO QUE PERDIERON Y CASI SIEMPRE EN BATALLAS EN LAS QUE ESTUVIERON EN INFERIORIDAD DE CONDICIONES. POR ESO YO RECHAZO EL RÓTULO DE "GANADORES".

Cuando sancionaron a Maradona en el 94 nos quedamos sin el símbolo del equipo, pero fuimos a jugar contra Rumania y lo hicimos de manera extraordinaria, aunque el partido terminó en una derrota. A veces ocurre que se pierde jugando muy bien. Cuando pasa eso, la gente lo reconoce. Perder así puede despertar una ovación. No es lo mismo cuando se gana porque ahí no se tiene en cuenta el juego. Además, ganar es ganar y eso tapa cualquier otra situación. La forma en que se triunfa no se analiza tanto, la derrota conduce a tener que dar excusas.

Pero ganar y perder son conceptos que tienen un marco. Todos los entrenadores son buenos, todos saben. Y hay algunos que son ganadores en la dificultad. Por ejemplo, Caruso Lombardi es un ganador dentro de las situaciones en las que le tocó intervenir porque salvó a miles de equipos.

GANAR Y PERDER SON CONCEPTOS QUE TIENEN UN MARCO. TODOS LOS ENTRENADORES SON BUENOS, TODOS SABEN.

El "técnico ganador" es un invento de la crítica. Porque el que te salva del descenso es el ganador de su campeonato. Yo fui a Catania, no salimos campeones pero nos salvamos del descenso. Ese año me sentí ganador de mi trabajo. Por eso no veo muchas diferencias entre los entrenadores. Uno puede trabajar un poco mejor que otro, uno puede tener mejores futbolistas que otro, pero el capital del entrenador está en la forma en que maneja a sus grupos de trabajo, en cómo lleva adelante su gestión para sacarle todo lo que pueda a cada jugador.

EL CAPITAL DEL ENTRENADOR ESTÁ EN LA FORMA EN QUE MANEJA A SUS GRUPOS DE TRABAJO, EN CÓMO GESTIONA INTERNAMENTE PARA SACARLE TODO LO QUE PUEDA A CADA JUGADOR.

Esa es la diferencia entre los entrenadores. Se trata de una cuestión motivacional más que de estilo. Esto es visible cuando un entrenador se va de un equipo y llega otro, las decisiones futbolísticas no son tan marcadas. Me voy yo, viene otro, por ahí se cambian algunos jugadores y eso es todo. La diferencia es poca.

12. ENTRENAR

En todas las situaciones donde hay algo en juego existen momentos en que se vuelve necesario intervenir. Son momentos clave en los que se pone a prueba toda la experiencia y todos los conocimientos. El entrenador tiene un pasaje tremendo dentro de un partido, y va del minuto 5 al 25 del segundo tiempo. En ese lapso es donde juega él. ¿Por qué? Porque es ahí donde se decide el partido. Ahí es donde para mí el entrenador demuestra si es bueno o malo, si sabe leer el juego o no.

EL ENTRENADOR TIENE UN PASAJE
TREMENDO DENTRO DE UN PARTIDO,
Y VA DEL MINUTO 5 AL 25 DEL
SEGUNDO TIEMPO. EN ESE LAPSO
ES DONDE JUEGA ÉL.

Decidir el cambio de un jugador en ese momento del partido es algo que sucede por instinto, es una luz que aparece. Si se piensa, se pierde. Hay que dejar que llegue la creatividad, que es como un reflejo. Uno tiene su equipo, el rival y está el desarrollo del partido. Si mientras el equipo va perdiendo entra un jugador faltando diez minutos, le queda poco tiempo de margen para hacer un cambio. Para que haya un cambio es necesario hacerlo veinte minutos antes, con el fin de que el que entra tenga tiempo de engancharse. Sobre todo cuando hay que ir a buscar el partido. Cuando se lo sostiene, es posible cambiar faltando cinco o diez minutos, porque es un cambio de un carácter más posicional. El problema es cuando se está empatando y hay que ganar, o cuando se va perdiendo y hace falta empatar.

DECIDIR EL CAMBIO DE UN JUGADOR EN ESE MOMENTO DEL PARTIDO ES ALGO QUE SUCEDE POR INSTINTO, ES UNA LUZ QUE APARECE. SI SE PIENSA, SE PIERDE. HAY QUE DEJAR QUE LLEGUE LA CREATIVIDAD, QUE ES COMO UN REFLEJO.

Entre los 5 y los 25 minutos es cuando se ve la lectura del juego y lo que se está analizando. Ahí se ven los problemas o no se ven. Son solo veinte minutos. Nada más. En ese tiempo, el entrenador juega su carta o la arruina. En el resto del partido el entrenador no juega. Porque en el primer tiempo, lo hacen los jugadores. Y cuando termina, el entrenador corrige los errores que vio. Entonces arranca el segundo tiempo y entre los 5 y los 25 resulta fundamental poder intuir algo respecto del desarrollo del juego que se dará hasta el final del encuentro.

LA IDENTIDAD ESTÁ EN LA ESTRUCTURA

Cuando se quiere elogiar a un equipo se dice que es una máquina. Pero yo prefiero que el equipo no sea una máquina sino que fluya, que se mueva con naturalidad, que todos parezcan uno y que sistemáticamente los jugadores hagan lo que uno quiere sin que se den cuenta, siguiendo su línea de juego y respetando su talento.

Pero no todos los equipos son iguales. En mi opinión, hay pocos equipos que tienen una estructura de juego. Algunos cuentan con una estructura y los otros juegan a lo que se puede. El Barcelona, el Bayern Munich, la Juventus tienen una estructura, y también la tiene el Atlético de Madrid. Hay otros equipos que juegan porque cuentan con buenos jugadores. Los entrenadores tienen tanto talento a su disposición que es difícil construir una estructura.

EN MI OPINIÓN, HAY POCOS EQUIPOS QUE TIENEN UNA ESTRUCTURA DE JUEGO. ALGUNOS CUENTAN CON UNA ESTRUCTURA Y LOS OTROS JUEGAN A LO QUE SE PUEDE.

Siempre conviene tener una estructura porque en ella está la identidad. Se trata de un aspecto general que va más allá del plantel con el que se cuente.

En el Barcelona, la sociedad y el club son los que generan esa estructura. Toda la vida jugó así. El Bayern Munich es un caso parecido. Siempre fueron pesados, trabajadores, continuos y fuertes. El Atlético de Madrid siempre tuvo una estructura cuando le fue bien y cuando quiso cambiarla le fue mal. Boca, históricamente, tiene estructura. Juega a algo. Por eso, cuando los entrenadores llegamos a un club, o cuando son los futbolistas los que llegan, lo primero que hay que hacer es entenderlo socialmente. Si no se comprende eso, nunca se va a jugar bien.

No es inteligente incorporarse a un trabajo y desconocer lo que se hizo antes de que uno llegara. No podemos pensar que somos Cristóbal Colón en cada lugar al que vamos. Por ejemplo, si empiezo a entrenar en el Atlético de Madrid tengo que saber cómo juega. Si no lo sé, no voy a tener un buen desarrollo en el juego por más que tenga talento. Porque en el Atlético de Madrid no alcanza solo con eso. Hubo grandes entrenadores a los que les fue mal en el Atlético porque, quizás, no se adaptaron a la tradición del club.

NO ES INTELIGENTE INCORPORARSE A UN TRABAJO Y DESCONOCER TODO LO QUE SE HIZO ANTES DE QUE UNO LLEGARA. NO PODEMOS PENSAR QUE SOMOS CRISTÓBAL COLÓN EN CADA LUGAR AL QUE VAMOS.

Cuando se llega a un club no hay que imponer las necesidades propias sino saber leer las necesidades que ya existían allí. Tanto los futbolistas como los entrenadores tienen que ser capaces de percibir qué necesita la institución a la que se incorporan. Si en el primer semestre quiero ganar la liga, tengo que saber que eso es imposible. Ahora, si voy encaminando las situaciones para que de a poco, sin darnos cuenta, nos empecemos a meter en una posibilidad de aspirar a esa situación, eso es algo que lo va a ir dando la naturaleza del crecimiento. Pero para llegar a eso es fundamental construir una base.

Por eso, la base de cualquier éxito está en la estructura. Mi experiencia en Estudiantes tiene que ver con eso. Ahí lo vi y me sentí muy identificado. Fue uno de los clubes donde me sentí más reflejado en mi carrera, junto con el Atlético. En River salimos campeones porque teníamos buenos futbolistas, ganábamos porque los jugadores eran muy buenos. Jugábamos a algo, por supuesto, pero el talento de los futbolistas fue superior a la estructura. En cambio, en Estudiantes fue más importante la estructura que el talento. La estructura potenciaba el talento. En River, era al revés: el talento potenciaba la estructura. Cuando disminuyó el talento se cayó la estructura porque esta es la que sostiene, siempre, en los momentos difíciles, jugar mal o bien es circunstancial.

> MI EXPERIENCIA EN ESTUDIANTES
> TIENE QUE VER CON ESO. AHÍ LO VI Y
> ME SENTÍ MUY IDENTIFICADO. FUE UNO
> DE LOS CLUBES DONDE ME SENTÍ MÁS
> REFLEJADO EN MI CARRERA, JUNTO
> CON EL ATLÉTICO.

PROTAGONISMO Y AUTORIDAD

El protagonismo es un peso que hay que saber llevar. Según el lugar que se tenga dentro del escenario en el que se participe, tocará un rol u otro. El papel principal es siempre muy difícil. Cada día cuesta más seguir ganando, aunque se trate de un momento estable. Pero uno tiene que saber definir su protagonismo con los recursos que tiene.

Cuando se dirige un equipo que no tiene todos los recursos y el talento para resolver las cosas en diez minutos, como puede ser el Barcelona, lo que se necesita es llevar el estado emocional propio al máximo nivel de competencia porque es eso lo que constituirá un acercamiento a un modelo como el de dicho equipo.

EL PAPEL PRINCIPAL ES SIEMPRE MUY DIFÍCIL. CADA DÍA CUESTA MÁS SEGUIR GANANDO, AUNQUE SE TRATE DE UN MOMENTO ESTABLE. PERO UNO TIENE QUE SABER DEFINIR SU PROTAGONISMO CON LOS RECURSOS QUE TIENE.

Para poder competir con el Barcelona en una situación definitoria hay que ganarles a los equipos llamados "menores". Hay que saber que por delante espera un campeonato extenso y que depende de cómo se juegue cada partido si se logrará enfrentar al Barcelona o al Real Madrid en un marco de competencia. El campeonato del Atlético de Madrid contra estos equipos es una consecuencia del campeonato contra el resto. Se deben enfocar bien las fuerzas para competir con ellos y eso es imposible si no se tiene un buen desempeño contra todos.

Además de protagonistas, en los escenarios hay momentos. Esos momentos pueden ser problemáticos y críticos. En tales casos, las situaciones por las que pasan el entrenador y los jugadores son distintas.

En ese sentido, el entrenador tiene más responsabilidades que el jugador porque las situaciones que se le
presentan son más amplias y más delicadas, así como
muchas veces involucran gran cantidad de aspectos.

Siempre es bueno saber cuáles son los problemas que uno como entrenador puede solucionar en
un escenario de crisis y cuáles no. Porque se pueden
solucionar muchos según la capacidad del técnico,
pero no todos. Creo que una crisis no tiene solución
cuando en un punto el entrenador deja de seducir a
sus jugadores y ya no es respetado por ellos.

SIEMPRE ES BUENO SABER CUÁLES SON LOS PROBLEMAS QUE UNO COMO ENTRENADOR PUEDE SOLUCIONAR EN UN ESCENARIO DE CRISIS Y CUÁLES NO.

La admiración respecto del conductor es lo que
lleva a alguien a estar comprometido con un proyecto grupal. Pero cuando ocurre una crisis de admiración, sobre todo si la crisis es mutua, se hace muy
difícil revertir los malos momentos. Además de la
admiración, es fundamental la convivencia con los
jugadores líderes del equipo, porque el entrenador

los necesita y, del mismo modo, hay que darles la posibilidad a todos de sentirse partícipes de los logros
y las responsabilidades. Eso profundiza la pertenencia, siempre que se reconozca que la autoridad pertenece al cuerpo técnico. ¿Y qué es la autoridad? Tener
la última palabra, o sea actuar, decidir, llevar a cabo
una idea. El derecho a opinar y a aportar es de todos.
La facultad y la responsabilidad de ejecutar son del
entrenador.

**LA ADMIRACIÓN RESPECTO DEL
CONDUCTOR ES LO QUE LLEVA A
ALGUIEN A ESTAR COMPROMETIDO
CON UN PROYECTO GRUPAL. PERO
CUANDO OCURRE UNA CRISIS DE
ADMIRACIÓN, SOBRE TODO SI LA
CRISIS ES MUTUA, SE HACE MUY
DIFÍCIL REVERTIR LOS
MALOS MOMENTOS.**

La idea de imponer la autoridad tiene muchas variantes. La autoridad que se puede ejercer depende
de la fidelidad y la sinceridad. Está prohibido mentir.

La mejor manera de relacionarse con otras personas en la vida es poniéndose colorado una vez pero
estar tranquilo en adelante porque uno fue sincero.
Lo peor que puede pasar en los grupos de trabajo es
que el líder deje de atender a su gente. Eso ya lo pone
en falta y, en esa situación, no hay marcha atrás ni
espacio para el perdón.

LA AUTORIDAD QUE SE PUEDE EJERCER DEPENDE DE LA FIDELIDAD Y LA SINCERIDAD.

En cambio, vivir en la sinceridad y la esponta-
neidad permite crear otro clima, aunque también se
reciban golpes. Hay que hablar con la verdad y con
lo que uno está sintiendo en el momento de decir-
la. Yo nunca podría ser feliz en mi trabajo sabiendo
que no puedo mirar al otro. Por eso, aunque se trate de fútbol, en lo primero que se me ocurre basar
la autoridad que yo pueda tener es en un principio
ético. Es una necesidad anterior a cualquier táctica del juego. Porque el sentimiento que uno aplica a
la vida está muy relacionado a lo que se siente por
el juego. Y hay otra cosa en todo esto y es que me

emocionan ese tipo de situaciones en las que uno puede llegar al fondo de las cosas, me parece que el hecho de sentir a la gente me guía en una buena dirección, es algo que me apasiona.

VIVIR EN LA SINCERIDAD Y LA ESPONTANEIDAD PERMITE CREAR OTRO CLIMA, AUNQUE TAMBIÉN SE RECIBAN GOLPES. HAY QUE HABLAR CON LA VERDAD Y CON LO QUE UNO ESTÁ SINTIENDO EN EL MOMENTO DE DECIRLA.

Ese es mi primer principio en la construcción de la autoridad, y es ético. El segundo consiste en hablar mucho con los jugadores. Eso es clave porque les podés destrabar situaciones que no pasan por el hecho futbolístico.

Otro elemento importantísimo para que se reconozca la autoridad es el sentimiento de pertenencia, es decir, que el otro se identifique con lo que nosotros sentimos, esto se relaciona con la pasión que tenemos para hacer nuestro trabajo. Es difícil convencer a alguien si no es posible transmitirle pasión. Estos aspectos generan confianza, que es la base de la autoridad, donde yo tengo un lugar que no es exclusivo, al contrario.

Supongamos que Miguel Ángel es el primero y yo el segundo en un grupo. Ese es mi lugar. Ahora, ¿soy menos importante que Miguel Ángel? No. Todos somos importantes. Él puede tomar decisiones más importantes y yo estoy en mi lugar, pero la autoridad se trata de algo compartido.

MOVERSE EN GRUPO

En cuanto a la enseñanza, un grupo de futbolistas, como cualquier otro grupo de personas con un objetivo común, no es un grupo de alumnos en un aula. Es algo más personalizado porque no todos aprenden lo mismo. Pero para transmitir cualquier cosa es muy importante la curiosidad y la paciencia que se tenga. Hay distintas formas de manejar grupos. Yo tengo una paciencia elevadísima porque sé que, a veces, lo único que necesita la gente es ser escuchada.

Escucho tanto a los jugadores como a los ayudantes de campo. Tomo las decisiones que considero adecuadas, pero me gusta que sean participativos y trabajen sobre varias cuestiones. Pero para eso los tengo que escuchar. A todos: al utilero, que por ahí tiene un problema diferente al gerente del club; al lateral derecho, al que le acaba de nacer un hijo; al tipo de 30 años que tiene que renovar su contrato y no sabe si irse a China o quedarse; o al que se acaba de separar y dice que no puede dormir.

HAY DISTINTAS FORMAS DE MANEJAR GRUPOS. YO TENGO UNA PACIENCIA ELEVADÍSIMA PORQUE SÉ QUE, A VECES, LO ÚNICO QUE NECESITA LA GENTE ES SER ESCUCHADA.

La paciencia es la que permite absorber todos esos problemas. Para mí, escuchar es un don, sobre todo porque no es fácil hacerlo con atención. No me gusta estar muy encima de los jugadores, porque los entrenadores tenemos una posición que se define por saber cuándo estar presentes. Es necesario prestar atención y al mismo tiempo mantener distancia.

Si salimos campeones, no me voy a poner a correr con ellos, ni voy a abrazarlos dentro de la cancha. Me alejo porque ese no es mi lugar, es el de ellos y se trata de un momento único. Yo soy el entrenador, ya pasó mi momento de futbolista y mi festejo es de la línea para afuera. Después, si ellos invitan, uno entra.

NO ME GUSTA ESTAR MUY ENCIMA DE LOS JUGADORES, PORQUE LOS ENTRENADORES TENEMOS UNA POSICIÓN QUE SE DEFINE POR SABER CUÁNDO ESTAR PRESENTES.

Lo único más importante que las palabras son los hechos. En un club de Argentina, hablé con un jugador apenas llegó. Veía que él no confiaba en lo que le decíamos. Entonces le pregunté si confiaba en mí y me dijo que no. Pero seguimos trabajando. Después hubo algunas situaciones delicadas en su vida privada y lo ayudamos.

Pasaron catorce fechas y él me vino a agradecer porque el mal momento que estaba pasando había cambiado. Le volví a preguntar si ahora confiaba en mí y me dijo que sí. Fue una felicidad, porque logré torcerle la muñeca. Igual, me gusta el tipo rebelde, el que parece problemático. Porque en realidad, el "rebelde" no tiene problemas. Solo hay que buscar la manera de sacarlo de esa situación.

ME GUSTA EL TIPO REBELDE, EL QUE PARECE PROBLEMÁTICO. PORQUE EN REALIDAD, EL "REBELDE" NO TIENE PROBLEMAS. SOLO HAY QUE BUSCAR LA MANERA DE SACARLO DE ESA SITUACIÓN.

Dar el ejemplo no es algo que funcione en un escenario de teatro en el que uno representa un personaje para los demás. Tiene que ser algo natural. Si es forzado, se ve. A mí me tocó jugar seiscientos partidos como futbolista y varios cientos como entrenador. Compartí vestuarios con montones de futbolistas, ya sea como colega o como director técnico, y siempre me molestaron aquellos que intentaban ser líderes forzados, que se quieran imponer por su cuenta o que alguien busque imponerlos.

El líder tiene que ser natural. Claro que puede haberlos de muchos tipos: el silencioso, el que habla, el que lidera desde el juego, el tronco del equipo, que es el menos bueno pero tiene unos huevos tremendos.

EL LÍDER TIENE QUE SER NATURAL.
CLARO QUE PUEDE HABERLOS DE
MUCHOS TIPOS: EL SILENCIOSO, EL
QUE HABLA, EL QUE LIDERA DESDE EL
JUEGO, EL TRONCO DEL EQUIPO QUE ES
EL MENOS BUENO PERO TIENE UNOS
HUEVOS TREMENDOS.

TENER CLARO EL OBJETIVO

Los objetivos se definen de varias maneras y su dimensión es cambiante. En un club, por ejemplo, ¿la importancia del objetivo tiene que ver con la del club? ¿O primero se define el objetivo más bajo, el más accesible? A mi modo de ver, lo primero que hay que hacer es ir detrás de aquello que pide el club. Eso significa que el objetivo no es propio. La razón es que los entrenadores somos empleados. Es a partir de las metas del club que uno puede tener sus objetivos, que son secundarios; y alcanzando los del club uno se puede acercar a los suyos.

A un entrenador pueden contratarlo y decirle que debe salvar al equipo del descenso, entrar en la Europa League y salir tercero. Pero el Manchester City no contrata a nadie para salir tercero, sino para obtener el campeonato. Es todo o nada. No es lo mismo que el Atlético de Madrid o el Valencia, que tienen que salir terceros, porque compiten contra todo el resto, salvo el Real Madrid o el Barcelona. Es el segundo campeonato, pero es ese campeonato. Entonces se vuelve necesario ir detrás de ese objetivo. Lo que venga después, es todo lo que uno le agregue al objetivo de base.

La mejor manera de llegar a los objetivos es a partir de que todos los aspectos estén encolumnados detrás de una meta común. Si alguien quiere salir tercero y uno quiero salir campeón, hay algo que no va a andar bien. Pero si es posible comprender que saliendo tercero se está más cerca de salir campeón, los objetivos se acercan. En el Atlético, desde que llegamos, la posibilidad de ser el tercer equipo de la liga española nos ayuda a crecer económicamente.

Es evidente que todos los entrenadores queremos salir campeones. Sería ridículo negar eso. Pero el único camino para acercarse a ese objetivo es el de seguir los pasos previos, que son los que conducen a alcanzar los objetivos del club. Es la única

manera por la que, después, uno está en condiciones de exigirle al club y lograr mejorar el plantel
con nuevas incorporaciones que eleven el nivel del
equipo. La economía de una institución, el futuro
del entrenador y el crecimiento del equipo dependen del objetivo primordial del club.

**ES EVIDENTE QUE TODOS LOS
ENTRENADORES QUEREMOS SALIR
CAMPEONES. SERÍA RIDÍCULO NEGAR
ESO. PERO EL ÚNICO CAMINO PARA
ACERCARSE A ESE OBJETIVO ES EL DE
SEGUIR LOS PASOS PREVIOS, QUE SON
LOS QUE CONDUCEN A ALCANZAR LOS
OBJETIVOS DEL CLUB.**

Si en los cuatro primeros años en los que estuve desempeñándome como técnico en el Atlético no
hubiéramos hecho las campañas que hicimos, no
habríamos tenido los jugadores que tenemos en la
actualidad ni yo estaría en el club. Cuando llegamos,
contábamos con diez jugadores competitivos. En el
segundo año teníamos doce. El tercer año, cuando

salimos campeones, ya eran quince. De ese modo, el club crece en competitividad y patrimonio.

FORMAS, PREJUICIOS Y MAESTROS

Trabajé con grandes maestros: Luis Aragonés, Marcelo Bielsa, Carlos Bilardo, Alfio Basile... Cada cual tiene su estilo. Pero yo no elegí con quién formarme. Aprendí a formarme con los técnicos que me tocaron como jugador y fui tratando de incorporar lo mejor de ellos. En general, valoro las mejores ideas de cada uno, hasta de los que no tuve como técnicos como es el caso de Menotti. Yo acepto a todos. Creo que todas las formas son fantásticas. Está en cada uno desarrollarlas de la mejor manera y llegar al objetivo propuesto. Para permanecer abiertos al conocimiento es necesario sacarnos de encima los prejuicios. Estos impiden aprender, nublan la vista.

APRENDÍ A FORMARME CON LOS TÉCNICOS QUE ME TOCARON COMO JUGADOR Y FUI TRATANDO DE INCORPORAR LO MEJOR DE ELLOS.

En mi opinión, las formas son importantes. También es importante la transmisión emocional de las ideas. Desde hace años tengo grabada una escena del Coco Basile. Era un momento en el que yo estaba creciendo y no tan pendiente de la táctica, aunque sí de lo emocional. Porque para un futbolista joven casi todo es emoción. Era observarlo al Coco y que se te pusieran los pelos de punta. Me acuerdo de la Copa América del 93, de las charlas que daba antes de los partidos. El tipo emocionaba. Y, sin dudas, a mejores emociones, mejores respuestas en el campo.

PARA PERMANECER ABIERTOS
AL CONOCIMIENTO ES NECESARIO
SACARNOS DE ENCIMA LOS PREJUICIOS.
ESTOS IMPIDEN APRENDER,
NUBLAN LA VISTA.

A Aragonés lo tuve en una época más madura de mi vida de jugador. Me agarró más preparado tácticamente para comprender. No solo yo crecí con él, también todo el fútbol español. Era un técnico diferente para el medio y fue un revolucionario. La Selección

Española que ganó la Eurocopa no era la misma que ganó el Mundial de Sudáfrica, aunque por supuesto que se puede ganar de distintas maneras.

Luis tenía carácter, personalidad, llegada emocional, orden táctico: un montón de condiciones. Para mí es un orgullo relacionarme con él a través de una identificación con el Atlético de Madrid, donde tuvimos la suerte de ser los entrenadores con más éxito. Teníamos un gran ida y vuelta y supo transmitirme cosas que fueron generando conocimiento para lo que me tocó enfrentar en el futuro. Cuando me ofrecieron dirigir el Atlético, hablé con él y me preguntó qué estaba esperando para ir. Después no se habló más del tema.

LUIS TENÍA CARÁCTER, PERSONALIDAD, LLEGADA EMOCIONAL, ORDEN TÁCTICO: UN MONTÓN DE CONDICIONES. PARA MÍ ES UN ORGULLO RELACIONARME CON ÉL A TRAVÉS DE UNA IDENTIFICACIÓN CON EL ATLÉTICO DE MADRID.

Bielsa y Bilardo también son grandes técnicos y se dice que pertenecen a escuelas diferentes. Yo creo que son personas con lenguajes diferentes. Desde la expresión son distintos, pero los dos tienen una claridad contundente. De los entrenadores que tuve, Bielsa fue el que mejor preparaba los partidos y el que más me dio tácticamente. Bilardo me preparó a partir de los 16 años. Me sacó del formato en el que yo jugaba y donde había un 8, un 5 y un 10, y me hizo entender el concepto de "todocampista", que es una palabra que él usaba para sacarnos de la cabeza la idea de que un jugador que se posiciona en el medio solo debe jugar en esa zona.

DE LOS ENTRENADORES QUE TUVE, BIELSA FUE EL QUE MEJOR PREPARABA LOS PARTIDOS Y EL QUE MÁS ME DIO TÁCTICAMENTE.

Los dos son obsesivos, pero con ninguno tuve tareas molestas, al contrario. Puede ser porque viví el fútbol de una manera diferente que el resto de las personas, para quienes las cosas están, por lo general, divididas en bandos. Como si el juego vistoso y el juego obsesivo no fuesen compatibles. Existen el juego "vistoso", que parecería que no necesita el esfuerzo de nadie para llevarlo a cabo y sin embargo lo necesita, y el juego "obsesivo", que parecería que necesita más esfuerzo que el juego vistoso, algo que de ninguna manera es así.

AL TÉCNICO OBSESIVO TAMBIÉN LE INTERESA EL JUEGO VISTOSO. ¡CÓMO NO LE VA A INTERESAR! ¿O ALGUIEN PUEDE CREER QUE UN TÉCNICO OBSESIVO DISFRUTE MÁS DE UNA PATADA QUE DE UN CAÑO?

La polémica del virtuosismo contra la obsesión es una fantasía. Al técnico obsesivo también le interesa el juego vistoso. ¡Cómo no le va a interesar! ¿O alguien puede creer que un técnico obsesivo disfrute más de una patada que de un caño? Lo que ocurre es que el periodismo llevó la discusión, que para mí no tiene sentido, a una polémica que les sirve a todos. Se vende mucho más y se exteriorizan dos situaciones aparentemente diferentes que en el fondo es una sola. Lo que cambia es el gusto. Por supuesto que en la Argentina existe esa vieja historia entre Menotti y Bilardo, por poner dos referencias conocidas. Pero yo no creo de ninguna manera que el fútbol de Menotti necesite menos esfuerzo y menos trabajo para jugarlo que el de Bilardo.

13. SUPERAR

Me gustan las escenas épicas. Tuve la suerte de protagonizar varias desde que era futbolista. La remontada con Estudiantes en los diez últimos partidos del campeonato de 2006 fue extraordinaria. Antes de esa racha habíamos perdido dos encuentros. A partir de ahí, el equipo fue sintiéndose cada vez más fuerte.

Tuvimos un partido muy importante contra River. Boca estaba arriba, y sabíamos que ganando ese partido nos posicionábamos en un lugar importante. Para River no era lo mismo y para nosotros el hecho de estar segundos potenciaba el nivel del grupo y así pasó. Ganamos el juego. Me acuerdo de que Daniel Pasarella, que era el técnico de River, dijo: "River no juega para ser segundo". Palabras que después utilicé para estimular a los míos, diciéndoles que desde la humildad podíamos seguir buscando un objetivo que en ese momento parecía lejano.

Faltando dos fechas, jugamos con Argentinos Juniors un partido extraordinario. Fue una tarde en la que Boca perdió en Córdoba y en la que tuvimos todo para descontar tres puntos. Perdíamos 1-0 y lo dimos vuelta 2-1, cuando faltaban dos minutos para el final. Pero en el descuento llegó un centro y gol de Gonzalo Choy para Argentinos: 2-2. Nos quedaba una fecha, a tres puntos de Boca. Llegamos al vestuario y los jugadores estaban muertos. Entonces les dije: "Yo les pregunto una cosa: ¿cómo hubiesen querido llegar ustedes a la última fecha, cuando empezó el campeonato? ¿Con opciones o sin opciones de obtener la liga? Bueno, nosotros tenemos las opciones".

El martes siguiente, en la conferencia de prensa, afirmé: "El que no crea que podemos salir campeones, que no venga a la cancha". La gente se volvió loca y, obviamente, asistió. Fue un instinto. Recordé un torneo similar en la Lazio, que gané como futbolista. Hay situaciones que parecen volver.

EN LA CONFERENCIA DE PRENSA, AFIRMÉ: "EL QUE NO CREA QUE PODEMOS SALIR CAMPEONES, QUE NO VENGA A LA CANCHA".

Pero, por otro lado, también era cierto que había una posibilidad. A veces, a los jugadores les cuesta ver las posibilidades concretas que tienen a su alcance, porque ellos dependen mucho del entusiasmo. A partir de la lectura que uno les da de esas posibilidades, se entusiasman más o menos. Yo trato de buscar siempre cosas reales. No me gusta entusiasmar a nadie con lo que sé que no tiene realidad. Por eso les dije que teníamos posibilidades y que, según cómo enfrentáramos ese momento, la posibilidad iba a seguir latente. Nosotros teníamos que ganar nuestro partido. Porque ganándolo, le generábamos a Boca la obligación de ganar. Le creábamos una dificultad. No es fácil ganar, cuando se debe ganar. Entonces, les dije que si empezábamos por ganar nuestro partido, pasaríamos a estar en una situación mejor que la de ellos. Los jugadores me miraron.

A VECES, A LOS JUGADORES LES
CUESTA VER LAS POSIBILIDADES
CONCRETAS QUE TIENEN A SU
ALCANCE, PORQUE ELLOS DEPENDEN
MUCHO DEL ENTUSIASMO. A PARTIR DE
LA LECTURA QUE UNO LES DA DE ESAS
POSIBILIDADES, SE ENTUSIASMAN
MÁS O MENOS.

En el primer tiempo no pregunté cómo iba Boca. Intuía lo que pasaba por la gente. Ganamos 1-0 con un gol en el minuto 41 del segundo tiempo. Recién cuando hicimos el gol, me tentó saber cómo iba Boca, que, al final, perdió. En nuestra cancha había una energía tremenda. Alegre, que era nuestro presidente, empezó a jugar el partido del desempate ese mismo día. Esa final inolvidable, que le ganamos a Boca en cancha de Vélez, la empezamos a ganar por él. La gente no lo sabe.

Alegre fue a la AFA, empezó a preguntar quién era el árbitro, peleó con los de Boca y consiguió tener a favor unos detalles tales como disponer del vestuario local y que los alcanzapelotas no fueran todos de Boca, sino seis de un club y seis del otro. Son cosas que no hacen ganar un partido, pero crean un ambiente favorable en la hostilidad de una final.

Lo mismo me pasó varios años después con el Atlético, cuando definimos, en el Santiago Bernabéu, la Copa del Rey. Aceptamos el Bernabéu porque podía albergar un público mayor, pero pedí que no me pusieran los alcanzapelotas del Real Madrid, porque eso resultaría igual que jugar de visitante. Logramos que fueran del Atlético. No se triunfa por eso, pero se logra ganar territorio con detalles que, de estar en contra, pueden afectar un resultado.

Hay partidos que se juegan a todo o nada y en los que, de algún modo, influye en el resultado si se está en ascenso o descenso. En aquella final entre Estudiantes y Boca, llegamos mejor nosotros que ellos. Boca estaba mejor preparado para las finales, porque venía de ganar dos torneos seguidos. Nosotros teníamos mucha gente que no había salido campeón, salvo Juan Sebastián Verón. Pero llegamos a ese partido con una energía positiva y con una especie de halo. Hay equipos que son coperos y Estudiantes es uno de ellos. Es mística, es historia. Algo se presenta en esos momentos claves en los que aparece ese porcentaje de suerte, que no se sabe de dónde sale, y a nosotros se nos apareció.

En 2000 salí campeón con la Lazio, que ganó dos torneos en toda su historia. Fue algo parecido a lo que me sucedió en Estudiantes como técnico. En la última fecha, nosotros jugamos contra el Udinese y la Juventus, que era el candidato de todos, contra el Perugia.

HAY EQUIPOS QUE SON COPEROS Y ESTUDIANTES ES UNO DE ELLOS. ES MÍSTICA, ES HISTORIA. ALGO SE PRESENTA EN ESOS MOMENTOS CLAVES EN LOS QUE APARECE ESE PORCENTAJE DE SUERTE, QUE NO SE SABE DE DÓNDE SALE, Y A NOSOTROS SE NOS APARECIÓ.

Comenzó el partido en Roma con un sol que rajaba la tierra. El primer tiempo terminó 1-0 para nosotros y 0-0 para la Juventus. Cuando salimos al segundo tiempo, se largó un diluvio demencial en Perugia. Detuvieron el partido durante media hora. Nosotros ya habíamos ganado, mientras que a la

Juventus le faltaba jugar media hora. A los cinco minutos del segundo tiempo, Alessandro Calori anotó un gol para el Perugia: 1-0. Si la Juventus empataba, íbamos a una final. Si ganaba el Perugia, salíamos campeones, y así fue.

El año anterior, en la última fecha, el Milan había salido campeón en Perugia. Como fue algo que sonó raro, se presionó mucho sobre ese Juventus-Perugia, y Perugia jugó un gran partido y ganó 1-0. Yo hice cinco goles en cinco partidos. Faltando siete u ocho partidos, fuimos a jugar con la Juventus, que nos llevaba seis puntos. Previamente, yo había jugado con la Selección Argentina en Londres. El técnico me puso en el segundo tiempo e hice un golazo gracias a un pase de Verón. Ganamos el partido y quedamos a tres puntos del líder. A partir de ahí, se generó una fe que nos hizo creer que podíamos salir campeones.

No sé por qué se dice que algo es imposible cuando solamente es muy difícil. Hay que saber reconocer la posibilidad incluso en las dificultades. Por ejemplo, cuando me ofrecieron dirigir a Racing todos me decían que no fuera. Siempre dudo cuando me aconsejan que no haga algo porque parece difícil. Se olvidan de que yo me preocupo en las situaciones relajadas. Es cierto que me jugaba el prestigio y que toda la gente que me rodeaba me decía que estaba loco, que el equipo era un desastre, que me iba a frustrar como entrenador. Pero yo sabía que iba a sacar a Racing de la posición en la que estaba.

NO SÉ POR QUÉ SE DICE QUE ALGO ES IMPOSIBLE CUANDO SOLAMENTE ES MUY DIFÍCIL. HAY QUE SABER RECONOCER LA POSIBILIDAD INCLUSO EN LAS DIFICULTADES.

Algo parecido me pasó cuando vine a dirigir el Atlético de Madrid. El club nos dio la posibilidad de seguir trabajando, si llegábamos al cuarto puesto de la liga. En ese momento estábamos a quince puntos del cuarto puesto y a tres de ingresar en el descenso. Me pidieron eso porque había recursos humanos y pensaban que tenía que haber alguien que apretara el botón correcto para que las cosas empezaran a aliviarse. Pero, desde los números, esa exigencia era una locura. No solo teníamos ese compromiso bajo presión. Paralelamente, jugábamos la Europa League y yo sabía que, para los jugadores, salir campeones implicaba obtener prestigio pese a la situación incómoda en la liga española. Intuí que, procurando llegar al objetivo pedido por el club, del que quedamos a un punto, podíamos ganar la Europa League. Si a los jugadores les sacaba esa copa, no hubiéramos llegado casi a alcanzar el puntaje solicitado por la dirigencia en el torneo local. El futbolista siempre tiene que sentirse cerca de algo importante. Después, llegamos a la final de la Copa del Rey, perdimos la final de la Champions y ganamos la liga. Cuando uno se encuentra ahí, una cosa lleva a la otra. Pero la base implica estar bien en la liga.

TENER ENIGMA

La imagen que los demás tienen de uno no es más que eso: una imagen. Creo que la gente no me conoce. La gente ve una persona identificada con el fútbol que comunica cosas a partir de lo que siente por el fútbol. Pero no me conoce. En parte porque soy reacio a las redes sociales, donde siempre se termina desnudando la personalidad de los que participan. Y también porque soy celoso de mi intimidad, que no tiene por qué ser pública.

Una vez, siendo jugador, fui a hablar con el Coco Basile y le pregunté qué necesitaba tener un director técnico. Él me respondió: "Un entrenador debe tener enigma". Esto es que te vean y que no te vean, que estés y que no estés, que seas y que no seas.

CREO QUE LA GENTE NO ME CONOCE. LA GENTE VE UNA PERSONA IDENTIFICADA CON EL FÚTBOL QUE COMUNICA COSAS A PARTIR DE LO QUE SIENTE POR EL FÚTBOL. PERO NO ME CONOCE.

La imagen que doy es netamente profesional. Es una imagen que no tengo problemas en dar, no la estudio, no la fuerzo. No soy un personaje. Eso que se ve en mi trabajo, es lo que soy. Pero, por otro lado, poca gente me conoce en profundidad. En eso me parezco a una tortuga: soy desconfiado pero muy confiable. Si alguien confía en mí, no fallo. Pero me cuesta confiar. Es algo natural. Siempre estoy alerta. Nunca termino de relajarme. Soy así como persona: cerrado, hermético. No tengo muchos amigos, pero al mismo tiempo soy extrovertido. Aunque dentro de algunos límites.

EN ESO ME PAREZCO A UNA TORTUGA: SOY DESCONFIADO PERO MUY CONFIABLE. SI ALGUIEN CONFÍA EN MÍ, NO FALLO. PERO ME CUESTA CONFIAR.

Siempre fui una persona solitaria. Hace falta mucha vida interior cuando se deciden cosas importantes. Cuando es necesario tomar determinaciones en nombre de un grupo, lo hago en soledad. Al llegar ese momento, el de la definición, me gusta estar informado. Muchas veces puede obtenerse algo más de alguien y hay más por conocer antes de definir un plan. Cuanto más se conozca, mejor funciona la intuición.

Lo raro de todo esto es que yo no escribo mucho, no tengo papeles de lo que hago. Tengo todo en la cabeza. No tengo nada archivado. Es un sistema mental que está activado las 24 horas del día. Voy al cine y tengo un momento de relajación, porque estoy viendo una película, pero nada me dice que, en algún pasaje de la película, no se me vaya a ocurrir una idea sobre el próximo partido. Me pasa lo mismo cuando

me voy de vacaciones: me cuesta desengancharme.
De a poco empecé a entender que tengo que disfrutar, pero al mismo tiempo, por ejemplo, es imposible
que no hable con los dirigentes cuando estoy en la
playa. Necesito estar conectado. No me puedo alejar.

NO ESCRIBO MUCHO, NO TENGO PAPELES DE LO QUE HAGO. TENGO TODO EN LA CABEZA. NO TENGO NADA ARCHIVADO. ES UN SISTEMA MENTAL QUE ESTÁ ACTIVADO LAS 24 HORAS DEL DÍA.

EL VACÍO DEL ÉXITO

El éxito es un poco deprimente. Recuerdo el campeonato ganado con Estudiantes. En el micro de vuelta
a La Plata todos festejaban y yo estaba pensativo.
Pensaba en cómo iba a volver a llevar a los futbolistas al mismo sitio al que ya habíamos llegado. En
ese momento, sentí un vacío que es difícil de explicar. Es lo mismo que sienten los alpinistas cuando
llegan a la cima de los cerros, a miles de metros de

altura, y ven que más allá de eso no se puede ir, que lo que les queda es bajar y volver a subir.

DE A POCO EMPECÉ A ENTENDER QUE TENGO QUE DISFRUTAR, PERO AL MISMO TIEMPO, POR EJEMPLO, ES IMPOSIBLE QUE NO HABLE CON LOS DIRIGENTES CUANDO ESTOY EN LA PLAYA. NECESITO ESTAR CONECTADO. NO ME PUEDO ALEJAR.

Creo que esa es una sensación que tenemos todos, cuando logramos algo deseado. El camino hacia el éxito se disfruta mucho más que el hecho en sí. Uno vive situaciones, acontecimientos y movimientos dentro de ese camino. Cuando se llega a esa situación, todo eso desaparece, porque ya no hay otra cosa, no hay otro paso. Debe proponerse un nuevo objetivo, para motivar a quienes comparten un proyecto, si es que se desea llegar a una situación similar.

Por eso insisto en que el camino hacia el éxito se disfruta mucho más que el momento en el que se gana,

que es muy breve. Aquello que perdura es el proceso,
no el triunfo. Cuando se alcanza el éxito en cualquier
rubro, ese momento es un instante. La construcción
es lo que lleva tiempo y se disfruta.

EN EL MICRO DE VUELTA A LA PLATA TODOS FESTEJABAN Y YO ESTABA PENSATIVO. PENSABA EN CÓMO IBA A VOLVER A LLEVAR A LOS FUTBOLISTAS AL MISMO SITIO AL QUE YA HABÍAMOS LLEGADO.

Como jugador es distinto. Hay una explosión y un
modo diferente de disfrutar, más extenso que el del
responsable del cuerpo técnico. Por el lado del entrenador se disfruta mucho más la etapa previa al
juego, el trabajo, la búsqueda de la forma, el camino,
conducir a un grupo de gente, competir. Al triunfar,
eso se termina y queda un vacío. Eso es algo que no
le pasa al jugador, que inmediatamente traduce el
triunfo en alegría.

A mí me ocurrió, cuando me ha tocado ganar como
técnico, que no supe qué hacer. En la final disputa-
da entre Estudiantes y Boca, me quedé paralizado.

Cuando salimos campeones con el Atlético de Madrid en Barcelona, Germán Burgos y yo nos reíamos. Eso fue todo. Cuando ganamos la final de la Europa League contra el Bilbao, lo primero que hice fue saludar a Marcelo Bielsa, porque habíamos ganado 3-0 y me pareció que el golpe para él había sido duro. Solo pensaba en eso. No estaba pensando en festejar.

CUANDO SE ALCANZA EL ÉXITO EN CUALQUIER RUBRO, ESE MOMENTO ES UN INSTANTE. LA CONSTRUCCIÓN ES LO QUE LLEVA TIEMPO Y SE DISFRUTA.

En cambio, cuando me tocó salir campeón como jugador no pensaba en nadie. Pensaba en mí, en mis compañeros, en ese momento de alegría que me permitía esa situación. Como entrenador siento que la línea de cal que nos marcan entre el adentro y el afuera es una barrera que no hay que cruzar. El técnico es lo que es de la línea para afuera. Todo lo que se pueda solucionar en ese territorio, hasta que termine el partido, va a ser genial. Pero se está afuera.

COMO ENTRENADOR SIENTO QUE LA LÍNEA DE CAL QUE NOS MARCAN ENTRE EL ADENTRO Y EL AFUERA ES UNA BARRERA QUE NO HAY QUE CRUZAR. EL TÉCNICO ES LO QUE ES DE LA LÍNEA PARA AFUERA.

Los que tienen derecho a disfrutar son los jugadores. Quizás los técnicos tenemos alegrías que no se notan, como cuando vemos que un futbolista crece deportivamente, o cuando se potencia a un joven que empezó desde abajo, cambiando sus formas para que viva mejor. Para el entrenador, esos éxitos producen mucha más alegría que el hecho de salir campeón.

Para conseguir un objetivo hay que partir de una posición mental, que sea propia del momento en el que se esté. No es lo mismo partir del comienzo que estar ya en el curso de un proceso. No es lo mismo que todo marche bien que estar en un momento adverso. En cada caso todo depende del día a día, porque siempre pasan cosas importantes a las que prestarles atención. Cuando se comienza a trabajar en un equipo y el éxito que se busca está lejos, eso no debe impedir la observación del crecimiento, porque también hay una felicidad de lo cotidiano que se debe disfrutar.

CUANDO SE COMIENZA A TRABAJAR EN UN EQUIPO Y EL ÉXITO QUE SE BUSCA ESTÁ LEJOS, ESO NO DEBE IMPEDIR LA OBSERVACIÓN DEL CRECIMIENTO, PORQUE TAMBIÉN HAY UNA FELICIDAD EN LO COTIDIANO QUE SE DEBE DISFRUTAR.

El del éxito es un camino escalonado y hay que saber ver los escalones. No me olvido de que el objetivo de salir campeones de la liga con el Atlético era el más lejano y el más importante, el fin de la escalera. Fuimos subiendo. Le ganamos la Europa League al Bilbao, la Copa del Rey al Real Madrid, la Supercopa de Europa al Chelsea. Eran como escalas necesarias para llegar al objetivo más importante: ganar la liga. Nuestra historia en el Atlético de Madrid transcurrió de ese modo. Aquello que nos permitió ganar la liga y estar a un paso de ganar la

Champions fue la toma de conciencia, de a poco, de que un día le habíamos ganado una final al Bilbao, otra al Chelsea, otra al Real Madrid en el Bernabéu. Todo eso nos alimentó el ego para poder asegurar: "Estamos en la búsqueda de algo más".

PREPARARSE PARA DESPUÉS DE GANAR

Resulta fundamental prepararse para ganar y también para el momento posterior. Cuando se gana una liga, el año siguiente es el peor de todos, se vuelve complicadísimo. Eso pasa cuando se obtiene un campeonato de liga o de copa, sobre todo, si el equipo no está acostumbrado a ganar todos los días. La razón es que el camino que se hace en la búsqueda de un objetivo superior no es el mismo que el implicado en procura de un objetivo inferior. Los procesos son diferentes, porque las exigencias son diferentes.

Para afrontar simultáneamente distintas competencias de distinto nivel, trabajamos para superar los obstáculos de a uno. Los obstáculos siempre se enfrentan de a uno. Con el paso del tiempo, ya en el final de cada pista, empiezan a aparecer los pequeños problemas. A veces sucede que se está más

cerca de una competencia que de otra y el futbolista, naturalmente, se inclina hacia lo que se encuentra más próximo. Es parte importante del trabajo
del entrenador reconducirlo para que, si hay más de
un título en juego, considere importantes a los dos.

Por ejemplo, cuando el Atlético de Madrid me
contrató con el objetivo de alcanzar el tercer puesto
en el certamen español, para los futbolistas era más
importante ganar la Europa League, porque implicaba la posibilidad concreta de obtener un título.
Dada esa situación, hubo que convencer a los jugadores de que, para lograr lo que ellos querían, no
tenían que perder la continuidad en la liga. Ganar
llama a ganar, así como hacer las cosas mal llama a
hacer las cosas mal.

LA SUPERACIÓN: EL JUEGO IDEAL

Siempre me gustó seguir la historia del fútbol, ya sea
como futbolista, como espectador o como técnico.
Existieron momentos en los que hemos creído que
hubo una evolución en el juego. Hoy no sé muy bien de
qué modo podría estar evolucionando. Es un asunto
complejo. No nos damos cuenta si estamos teniendo

alguna novedad, porque vivimos en el presente. Sin embargo, un día se cae en la cuenta de que la novedad sucedió hace cuatro años y se recuerda aquel equipo del Atlético de Madrid por lo que transmitió, lo que hizo. La evolución hay que verla en perspectiva y eso se logra con los años.

LA EVOLUCIÓN HAY QUE VERLA EN PERSPECTIVA Y ESO SE LOGRA CON LOS AÑOS.

A mi entender, el fútbol tiene una estructura con distintos sistemas y formas, que fue creciendo a partir de la velocidad de ejecución de las cosas. Antes se jugaba con un ritmo y hoy se juega con otro. Muchas veces decimos que existía más talento del que puede apreciarse ahora. Es complicado saberlo, porque se jugaba a otra velocidad. Quizás los jugadores de hoy tienen el mismo talento que los de antes, pero se ven diferentes porque se desplazan a distinta velocidad y porque se entrenan de otro modo.

LOS JUGADORES DE HOY TIENEN EL MISMO TALENTO QUE LOS DE ANTES, PERO SE VEN DIFERENTES PORQUE SE DESPLAZAN A DISTINTA VELOCIDAD Y PORQUE SE ENTRENAN DE OTRO MODO.

Creo que el proceso de evolución en el fútbol es social y se presenta de muchas formas. Antes no había celulares y ahora sí. Hoy se posee una llegada al futbolista que antes no se tenía. El futbolista puede comprender situaciones y hacer preguntas que antes no podía. En la actualidad, el jugador interviene mucho más en el crecimiento del fútbol. Y por eso entiendo que estamos en camino de seguir creciendo.

Ahora, ¿cuáles pueden ser las novedades del juego en sí? No lo sé. No creo que a nadie se le ocurra jugar con un sistema 1-2-8. Se dice que en los años 50 se jugaba con cinco arriba. Creo que eso no es correcto. En todo caso, se pretendía encontrar, desde las posiciones de siempre, jugadores de carácter más ofensivo. Las posiciones no cambian, por más que se ubique a Abel Balbo de carrilero por la derecha, como una vez lo hizo jugar Bilardo. Se trata de la elección del entrenador, no es una novedad. En mi opinión, puede haber actitudes que buscan ser más ofensivas o más cautelosas, pero no hay una novedad desde el juego.

EN LA ACTUALIDAD, EL JUGADOR INTERVIENE MUCHO MÁS EN EL CRECIMIENTO DEL FÚTBOL. Y POR ESO CREO QUE ESTAMOS EN CAMINO DE SEGUIR CRECIENDO.

Como en todo, en el fútbol también puede haber modas. Por ejemplo, se inventó el *catenaccio* y muchos equipos comenzaron a jugar con ese esquema. Se inventó el fútbol total y muchos equipos intentaron e intentan jugar influenciados por esa idea. Es cultural. A mi juicio, el fútbol del Barcelona y de la Selección Española en este último tiempo nos hizo bien, porque vimos un fútbol diferente, por momentos, exquisito. Quizás nos perjudicó un poco en otros aspectos, porque, al mismo tiempo, se buscó imitar algo que no se puede repetir en todos los equipos.

Para ejecutar un modelo de juego se deben observar los jugadores que conforman el plantel. Para jugar como el Barcelona hay que tener jugadores con las características de los jugadores del Barcelona. Sin embargo, pueden existir algunos matices en la ejecución. El equipo de Guardiola jugaba diferente del actual de Luis Enrique, que posee variantes tales como el contragolpe, el balón detenido y que trabaja mejor la pelota defensiva, conectando y presionando mejor hacia los costados con mayor número de volantes.

El Barcelona de Guardiola tenía un juego posicional, no salteaba etapas. Los dos planteos son muy buenos y las formas son parecidas. Con Guardiola, el equipo era más analítico. El caso de Luis Enrique es interesante. Más allá de que trabajó en las divisiones juveniles del Barcelona y siempre defendió un funcionamiento que sale de una idea madre. Cuando llegó al club, no continuó estrictamente con lo que había hecho Guardiola. En consecuencia, hoy se aprecia un gran equipo, con una idea presente desde siempre, que en algún punto puede llegar a ser más completo. De ningún modo esto significa que un técnico sea mejor que el otro. Ambos casos implican momentos de innovación.

Mi ideal de juego es la superación, que los futbolistas se vayan superando individualmente. En un juego colectivo como es el fútbol, la superación de cada uno mejora el conjunto. No tengo un ideal de perfección, porque la perfección no existe. Uno tiene que aceptar que el fútbol es un juego y que, como tal, da lugar a situaciones buenas y a otras adversas.

MI IDEAL DE JUEGO ES LA SUPERACIÓN, QUE LOS FUTBOLISTAS SE VAYAN SUPERANDO INDIVIDUALMENTE. EN UN JUEGO COLECTIVO COMO ES EL FÚTBOL, LA SUPERACIÓN DE CADA UNO MEJORA EL CONJUNTO.

Se debe convivir constantemente con situaciones que no son perfectas, porque, del otro lado, alguien está intentando competir con nosotros, buscando un modo para que las cosas no sean favorables. La clave está en reducir los niveles de imperfección. ¿Cómo se puede reducir eso? A mayor concentración, se minimiza el margen de error.

A veces, lo que uno llama perfección consiste en que, en el campo, se pueda hacer sin problemas aquello que se planificó. Por ejemplo, el partido en el que ganamos 4-1 la final al Chelsea, en Mónaco, resultó casi perfecto, desde ese punto de vista, porque logramos plasmar el 98% de lo que habíamos entrenado. No fue perfecto, porque nos hicieron un gol en el segundo tiempo. Nos encontrábamos 3-1 y, después, marcamos el cuarto gol, pero, durante el primer tiempo, estábamos 3-0. Si miro ese partido, observo que todo lo trabajado terminó calcándose en el campo de juego. Puede tener lugar un momento de cierta perfección en algún partido, pero es muy difícil que eso ocurra con regularidad.

A VECES, LO QUE UNO LLAMA PERFECCIÓN CONSISTE EN QUE EN EL CAMPO SE PUEDA HACER SIN PROBLEMAS AQUELLO QUE SE PLANIFICÓ.

14. COMPETIR

Los partidos en los que se juega contra equipos muy poderosos como el Barcelona o el Real Madrid tienen algo de David contra Goliat. En el Atlético, empezamos la preparación de esos partidos desde la inferioridad. En la previa son mejores. Esto no quiere decir que tienen un triunfo asegurado. Pero si no se acepta que ellos son superiores, no se puede competir. Cuando se afirma esto y se busca el modo de explotar la propia fortaleza, empieza a hacérseles daño. En esas circunstancias aparece una fuerza que no se posee nunca, en caso de creerse superior al rival. La fuerza que se tiene contra los equipos más importantes se logra aceptando que hay que superarse.

Ganarle a un equipo más poderoso es una posibilidad que está en la realidad del fútbol. Yo intento que mis jugadores vean la realidad. En la liga de España hay diecinueve equipos que saben que son inferiores a las dos potencias más ganadoras. El problema es que dieciséis de ellos aceptan incondicionalmente la derrota. En nuestro caso, sabemos que son superiores pero que disponemos de argumentos que, si sabemos ponerlos en marcha, nos vuelven más competitivos y capaces de atacar las debilidades rivales.

SI NO SE ACEPTA LA SUPERIORIDAD DEL RIVAL, NO SE PUEDE COMPETIR. CUANDO SE AFIRMA ESTO Y SE BUSCA EL MODO DE EXPLOTAR LA PROPIA FORTALEZA, EMPIEZA A HACÉRSELE DAÑO.

Es normal que un equipo con recursos casi ilimitados sea mejor. Eso no se discute. Pero, llevando las cosas a un solo partido, esos jugadores no son superiores a los propios. Porque un partido tiene 90 minutos y, cuando pasan los primeros 45, ya no queda un partido sino medio.

ES NORMAL QUE UN EQUIPO CON RECURSOS CASI ILIMITADOS SEA MEJOR. ESO NO SE DISCUTE. PERO, LLEVANDO LAS COSAS A UN SOLO PARTIDO, ESOS JUGADORES NO SON SUPERIORES A LOS PROPIOS.

Algunos no pueden entender cuando hablo de los presupuestos y digo que es difícil competir contra el Real Madrid y contra el Barcelona, en un campeonato de más de treinta fechas, porque el margen de error de ellos es muy estrecho. Sin embargo, en un solo partido el margen de error es casi el mismo en los dos equipos. Entonces, el más débil no está lejos del más fuerte. La clave está en cómo provocar a los jugadores para que acepten el desafío.

El fútbol se juega en el espacio y en el tiempo. Cuando se está perdiendo, el tiempo empieza a ser un factor negativo porque genera ansiedad y angustia. El jugador, en esas circunstancias, no tiene la tranquilidad necesaria para poder resolver situaciones que en otras condiciones podría resolver. En un partido cerrado, el tiempo siempre corre en contra

del que intenta jugar mejor, porque su rival, al mantener el 0-0, alcanza un objetivo.

En un partido, el mejor es el que tiene más problemas: el que tiene que ganar, el que tiene que hacer
el primer gol, el que está obligado a generar. El más
débil debe sostener todo eso que se aproxima en su
contra. En cambio, el mejor no tiene que hacer un gol,
tiene que hacer dos, porque, se supone, está jugando
contra un equipo inferior y tiene que salir a demos-
trarlo. El que no es tan bueno, y lo sabe, tiene la aspiración de estar en el partido, de jugar, de disputar,
porque, si llega a los diez minutos y después llega a
los cuarenta, el equipo rival ya jugará como lo hizo en
los primeros quince minutos. Va a sufrir la tensión.

JUGAR CONTRA EL RELOJ

En un partido del Atlético contra el Barcelona, en
el Camp Nou, nos echaron a Filipe Luis en el primer
tiempo, cuando perdíamos 2-1. Tuvimos la charla
técnica en el entretiempo. Les dije a los jugadores:
"Ahora, tranquilidad. El partido es nuestro en los últimos diez minutos". Estuvimos cerca de obtener el
triunfo, a pesar de que también expulsaron a Godín.

Resistimos con ocho jugadores en el campo. Hicimos un buen partido, jugamos como si se tratase de una final. Si Griezmann hubiese conseguido el 2-2 en una jugada en la que la pelota dio en el arquero, no nos hubiesen derrotado.

La cuestión emocional que se juega, cuando corre el reloj, la pueden resolver mejor los que más jerarquía tienen. En ese momento no se puede decir nada al equipo, porque el partido ya está en progreso. Los jugadores de mayor jerarquía pueden hacer una jugada aislada, algo que va más allá de la situación, el trámite y el resultado.

Los hombres con jerarquía juegan contra el reloj. Una vez, ganábamos al Barcelona por 1-0 en el Camp Nou. Llevábamos jugados doce minutos del segundo tiempo y seguíamos 1-0. El partido estaba muerto, pero Neymar tomó la pelota y la colocó en un ángulo. Después, entró Messi, quien trazó una diagonal cortada, picando la pelota ante la salida del arquero para establecer el 2-1 definitivo.

Por lo tanto, el problema lo resolvieron los jugadores diferentes. Ante la desesperación, esos hombres no tiran un pelotazo para ver qué sucede. Tienen jerarquía, son capaces de romper el reloj, saben la fuerza que tienen.

EL PROBLEMA LO RESOLVIERON LOS JUGADORES DIFERENTES. ANTE LA DESESPERACIÓN, ESOS HOMBRES NO TIRAN UN PELOTAZO PARA VER QUÉ SUCEDE. TIENEN JERARQUÍA, SON CAPACES DE ROMPER EL RELOJ.

Hay momentos en los que un técnico ya no puede intervenir y todo depende del jugador. Supongamos que un jugador ingresa en los últimos diez minutos, que el partido se encuentra 0-0 y se quiere ganar, o que se está ganando 1-0 y no se quiere empatar. Es un momento en el que ya no hay más táctica y en el que no queda más tiempo. Lo que le queda al futbolista para dar está en su registro y consecuentemente, en determinadas situaciones, recurre sistemáticamente a lo que le recuerda ese registro. Se puede observar, entonces, que existen equipos formados por jugadores con tanta jerarquía que, si se les empata faltando diez minutos, no se ponen ansiosos, a diferencia de otros equipos que no tienen ninguna chance de llegar a un empate.

¿A DÓNDE CARAJO VAN?

Si se planifica, con el correr del tiempo los resultados positivos aparecen. Puede ser al cuarto partido, al quinto, al séptimo, pero aparecen, si se genera una estructura de trabajo. Cuando se está ocho contra diez en un partido en el que se enfrenta al Barcelona, eso puede decantar en un 6-0, 6-1. La cantidad de goles dependerá de lo que el rival quiera hacer. Ante ese problema, un equipo con estructura puede responder a través de sus jugadores.

EXISTEN EQUIPOS FORMADOS POR JUGADORES CON TANTA JERARQUÍA QUE, SI SE LES EMPATA FALTANDO DIEZ MINUTOS, NO SE PONEN ANSIOSOS, A DIFERENCIA DE OTROS EQUIPOS QUE NO TIENEN NINGUNA CHANCE DE LLEGAR A UN EMPATE.

Para que eso ocurra debe haber una cuestión de confianza y de buena elección de jugadores. Si en ese partido efectuaba un cambio diferente en busca de la igualdad, la tentación de alcanzar el 2-2,

podría haber arriesgado una derrota por una diferencia más abultada. Por eso dije a los jugadores
que jugaríamos los últimos diez minutos y bajo mi
responsabilidad.

Yo estaba eligiendo las condiciones para poder alcanzar el empate. En esas circunstancias, pienso cómo
puedo igualar o cómo puedo ganar e intento llevar el
partido al objetivo que imagino.

Es un lapso de tiempo en el que se puede dar una
situación favorable para remontar una derrota o
para profundizarla. Pero hay que asumir el protagonismo en el momento adecuado. Por ejemplo, en
otro partido frente al Barcelona perdíamos 2-1 con
un gol de Adriano y otro de Busquets. En el segundo tiempo, faltando diez minutos, se equivocó Godín y el juego terminó 4-1. El encuentro se fue en
esos últimos minutos en que se lo jugó. Lo que hay
que transmitirles a los futbolistas es que no pierdan
la posibilidad de estar siempre en el partido. Eso se
puede hacer de varias formas.

Según cómo se pierda un partido, el equipo se puede hundir o no. Es importante controlar la forma de la
derrota, cuando toca.

Desde que éramos chicos, Carlos Bilardo nos decía que hay modos y modos de perder. Unos eligen

perder yendo al ataque y pierden 4-0, que no es lo mismo que perder 2-0. Para nadie es lo mismo. No es lo mismo para los jugadores, ni para los hinchas, ni para el arquero. Pero uno lo ve a Paco Jémez, del Rayo Vallecano, que no quiere empatar. El juego está 1-1 y hace ingresar a cuatro delanteros. Puede ganar o perder, pero va hacia adelante.

SEGÚN CÓMO SE PIERDA UN PARTIDO, EL EQUIPO SE PUEDE HUNDIR O NO. ES IMPORTANTE CONTROLAR LA FORMA DE LA DERROTA, CUANDO TOCA.

Un día, cuando jugaba en el Sevilla, fuimos a jugar al Bernabéu contra el Real Madrid. Nuestro técnico era Carlos Bilardo y Diego Maradona formaba parte del plantel. A los doce minutos del primer tiempo perdíamos 3-0. El cuarto gol llegó a los cuarenta. Entramos al vestuario. Estábamos abatidos. Nadie dijo una sola palabra, ni siquiera el técnico. Al sonar la campana que indicaba que debíamos salir a disputar el segundo tiempo, Bilardo seguía en silencio. Entonces, uno de los nuestros empezó a decir: "¡Vamos, vamos!". Se armó una andanada en la que todos empezamos a gritar: "¡Vamos, vamos!". Bilardo se puso de pie y dijo: "¿A dónde carajo van? Ustedes no van a ningún lado. Recibimos cuatro goles. Que no nos echen jugadores, que no nos hagan más goles". Tenía razón. Terminamos perdiendo 5-1.

En esos casos, el técnico funciona como un estratega, pensando en el mediano plazo y en las consecuencias que se van a tener que pagar si el partido que se está disputando termina con una goleada en contra. Más allá de estar atenta al momento, la mente debe viajar continuamente.

> EL TÉCNICO FUNCIONA COMO UN ESTRATEGA, PENSANDO EN EL MEDIANO PLAZO Y EN LAS CONSECUENCIAS QUE SE VAN A TENER QUE PAGAR SI EL PARTIDO QUE SE ESTÁ DISPUTANDO TERMINA CON UNA GOLEADA EN CONTRA.

Yo analizo un horizonte de tres semanas. Al tener esa situación en la cabeza, vivo pensando que el resultado de hoy nos va a servir para esto y aquello. Observo un montón de situaciones diferentes en el partido del día. El jugador no piensa en eso. Pero, como entrenador, se debe buscar la forma para que el equipo siga vivo. Con una derrota catastrófica se puede perder más que un partido.

15. OBSERVAR

La edad del técnico no es lo más importante para relacionarse con los jugadores. Lo fundamental es la capacidad para reinventarse y para mantenerse vigente en la sociedad que tenemos hoy. El entrenador de mayor edad debe tener la cabeza asociada al momento que viven los futbolistas más jóvenes. Si se tiene una mente diferente a la de ellos, se estará siempre lejos y, desde la distancia, es difícil generar confianza.

El técnico joven debe tener equilibrio. A mí me tocó dirigir Racing siendo muy joven. Creo que tuve suerte porque siempre me manejé de una forma particular en los grupos que integré. Siempre fui una persona que supo manejar las distancias en el trato. Entonces, cuando me tocó cambiar de papel y transformarme en entrenador, mis compañeros lo aceptaron muy bien. Tenía muy buena relación con el plantel y, cuando los integrantes me vieron como entrenador, creo que, en algún punto, mi forma de ser ayudó a que el nexo fuera mucho más natural. Ellos me respetaban y yo intentaba engancharme con lo que necesitaban en ese momento.

SIEMPRE FUI UNA PERSONA QUE SUPO MANEJAR LAS DISTANCIAS EN EL TRATO. ENTONCES, CUANDO ME TOCÓ CAMBIAR DE PAPEL Y TRANSFORMARME EN ENTRENADOR, MIS COMPAÑEROS LO ACEPTARON MUY BIEN.

En los entrenamientos hay momentos para todo. Hay un espacio reservado para esparcirse, para que la cabeza fluya, para un chiste, pero, en el tiempo destinado al trabajo, se trabaja. Todos me dicen que se nota mucha concentración. Entiendo que, seguramente, nuestra forma de llevar el entrenamiento influye en este tipo de situaciones.

Comenzamos desde la exigencia, pero somos los primeros que entendemos que no todo es trabajo y concentración. Todo se hace en medio de un ambiente que se debe generar. A mí me gusta divertirme más que a ninguno. En el trabajo se exige a fondo. En los momentos previos y en los momentos posteriores al entrenamiento, somos personas sumamente contemporáneas de los jóvenes. Es un error creer que, porque se exige, no pueden existir momentos de distensión.

EN LOS ENTRENAMIENTOS HAY MOMENTOS PARA TODO. HAY UN ESPACIO RESERVADO PARA ESPARCIRSE, PARA QUE LA CABEZA FLUYA, PARA UN CHISTE, PERO, EN EL TIEMPO DESTINADO AL TRABAJO, SE TRABAJA.

Resulta necesario entender que el entrenamiento comienza en un momento preciso y no antes. Cuando una persona se toma un café antes de ir a trabajar, no está trabajando, se está preparando para eso. En ese momento no se le puede exigir nada. Una vez que empieza el trabajo, no hay excusas. También hemos tenido futbolistas que en el entrenamiento se atan los cordones o se ponen un gorrito. Por eso intentamos

que entiendan que se juega a partir de cómo se entrena. Posiblemente, a los que son más *cracks*, haya
que entrenarlos de otra manera. Influyen de tal manera en los partidos que, a veces, conviene sacarles
algo de responsabilidad en los entrenamientos. Pero,
como dentro de los jugadores que he tenido nunca hubo un Messi, tratamos de potenciarlos a todos
de un modo parejo para que lleguen juntos al mejor
estado.

En un entrenamiento puedo reprocharle a un jugador haber hecho mal un ejercicio. Eso, que parece
intrascendente porque no hay público ni cámaras
de televisión, tiene mucha importancia tanto para
mí como para el jugador.

POSIBLEMENTE, A LOS QUE SON MÁS
CRACKS, HAYA QUE ENTRENARLOS
DE OTRA MANERA. INFLUYEN DE
TAL MANERA EN LOS PARTIDOS
QUE, A VECES, CONVIENE SACARLES
ALGO DE RESPONSABILIDAD EN LOS
ENTRENAMIENTOS.

Ocurre frecuentemente con los futbolistas más jóvenes, que vienen a hacer de *sparrings* de los más grandes. Llegan asustados, se caen, se resbalan, se encuentran dispersos. Muchas veces hablo con ellos y les digo: "Cuando vienen a entrenar con la Primera División, tienen que pensar que el entrenador no mira solamente cómo juegan. Observa cómo caminan, cómo entienden un ejercicio".

Uno le presta atención al chico que está concentrado y ejecuta bien lo que se le pide. Esa situación le genera un espacio para que el día que exista una necesidad se lo pueda llamar. Hay que explicarles que el fútbol no es solo jugar a la pelota y que el entrenador, que tiene la vista amplia, conoce cuando se halla frente a un joven que es distinto, que es rebelde, que quiere llegar. Hay que decírselo, porque ellos no lo ven.

UNO LE PRESTA ATENCIÓN AL CHICO QUE ESTÁ CONCENTRADO Y EJECUTA BIEN LO QUE SE LE PIDE. ESA SITUACIÓN LE GENERA UN ESPACIO PARA QUE EL DÍA QUE EXISTA UNA NECESIDAD SE LO PUEDA LLAMAR.

Me doy cuenta rápidamente del estado de un jugador cuando veo sus movimientos. El cuerpo habla. Comienza el entrenamiento o el partido y puede interpretarse, a partir de los movimientos, si él está o no conectado con el juego. Convivo con esa situación y, cuando observo que el cuerpo se encuentra en otra cosa, me irrito.

ME DOY CUENTA RÁPIDAMENTE DEL ESTADO DE UN JUGADOR CUANDO VEO SUS MOVIMIENTOS. EL CUERPO HABLA. COMIENZA EL ENTRENAMIENTO O EL PARTIDO Y PUEDE INTERPRETARSE, A PARTIR DE LOS MOVIMIENTOS, SI ÉL ESTÁ O NO CONECTADO CON EL JUEGO.

Otras veces me dejo llevar por la intuición, aunque parezca en contra del sentido común. Tengo una anécdota sobre esto. Daniel *Cata* Díaz se incorporó al plantel del Atlético y no le fue bien. Cuando le tocó jugar, no estuvo en su mejor forma. Sin embargo, debíamos jugar una semifinal en carácter de local frente al Sevilla y no podíamos contar con Godín. Restaban tres semanas para disputar el encuentro y todos los que me rodeaban me pedían que no pusiera a Díaz como titular.

Entonces, me acerqué al Cata y le dije: "Faltan tres semanas para el partido. Vas a jugar y vas a ser figura". Nadie avalaba mi decisión, pero fue así: jugó en un gran nivel y ganamos. Cuando se escuchan muchas voces alrededor, hay que saber distinguir y dejar un espacio para la voz propia, interior. Entiendo que, más allá del afecto que tiene el cuerpo técnico conmigo, de su buena voluntad y de su inteligencia, tengo que estar tranquilo para consultar conmigo mismo al momento de tomar una decisión. Por suerte, mis compañeros me conocen mucho e intentan no invadirme.

MÁS ALLÁ DEL AFECTO QUE TIENE EL CUERPO TÉCNICO CONMIGO, DE SU BUENA VOLUNTAD Y DE SU INTELIGENCIA, TENGO QUE ESTAR TRANQUILO PARA CONSULTAR CONMIGO MISMO AL MOMENTO DE TOMAR UNA DECISIÓN.

DISCIPLINA Y CONCENTRACIÓN

Detrás de ese mundo de fama y éxito que la gente asocia con el fútbol de alta competencia, hay muchos años de sacrificios. Durante gran cantidad de tiempo, el futbolista se concentra, se recluye, los fines de semana, privándose de un montón de cosas. No es una queja. Existen millones de personas que hacen sacrificios todos los días y a las que les cuesta encontrar una compensación.

Quiero decir que la vida del profesional del fútbol demanda espacio. Cuando dejé de jugar, al día siguiente era técnico de Racing. Perdí la cuenta de cuántos fines de semana pasé concentrado. Empecé a los 17 años como jugador y hoy tengo 45. Con la excepción de una temporada de seis meses en la que necesité tomarme un descanso, concentré casi todos los fines de semana, los últimos 28 años.

No me parece que esto implique un régimen carcelario. Creo que es un tiempo para nosotros, los jugadores y los técnicos. Desde hace años, el fútbol se prepara con ciertos niveles de disciplina. Pero, ¿en qué trabajo no se requiere disciplina? De a poco y con el tiempo se está mejorando. Hoy en día, en más de una ocasión, se juega tarde y no se concentra.

> PERDÍ LA CUENTA DE CUÁNTOS FINES DE SEMANA PASÉ CONCENTRADO. EMPECÉ A LOS 17 AÑOS COMO JUGADOR Y HOY TENGO 45. CON LA EXCEPCIÓN DE UNA TEMPORADA DE SEIS MESES EN LA QUE NECESITÉ TOMARME UN DESCANSO CONCENTRÉ CASI TODOS LOS FINES DE SEMANA, LOS ÚLTIMOS 28 AÑOS.

En el Barcelona no concentran. Lo hacen solo cuando juegan en calidad de visitante. De lo contrario, los jugadores se encuentran como si se tratase de amigos que se disponen a jugar a la pelota. Si el partido es a las cuatro, llegan con su auto alrededor de las dos de la tarde. Pero los demás necesitamos más concentración, más preparación. Por ejemplo, desayunar y comer bien brinda un combustible necesario para competir. Pero tampoco debe ser una cárcel. Nos reunimos, comemos, miramos un vídeo y los jugadores tienen una siesta de tres horas. Lo que ocurre a nivel anímico durante esas horas es variado, pero los jugadores están juntos y focalizados en cosas del fútbol.

A veces tenemos contacto con ellos y a veces no. Ellos se alojan en un piso y yo en otro. Si necesito hablar con un jugador en particular, lo llamo. Normalmente los entrenadores se colocan frente a los jugadores. A mí me gusta situarme de espalda. No me gusta mirarlos, me parece invasivo. Siempre se dijo que el entrenador tiene que observar todo. Yo prefiero concederles ese momento a ellos. Nosotros comemos en una mesa aparte y ellos en una mesa imperial, que les posibilita mirarse entre sí y generar relaciones y simpatías.

NORMALMENTE LOS ENTRENADORES SE COLOCAN FRENTE A LOS JUGADORES. A MÍ ME GUSTA SITUARME DE ESPALDA. NO ME GUSTA MIRARLOS, ME PARECE INVASIVO. SIEMPRE SE DIJO QUE EL ENTRENADOR TIENE QUE OBSERVAR TODO. YO PREFIERO CONCEDERLES ESE MOMENTO A ELLOS.

La alimentación favorece la mejora individual del jugador, no la del equipo. Los jugadores a veces no toman conciencia de que un exceso de dos kilos en su peso termina acortando su carrera, porque se dañan las rodillas. Esto se acentuó mucho más en la actualidad, porque existe mucho contacto físico durante el juego. A mayor peso en el cuerpo, mayores posibilidades de lesionarse existen. A veces, el jugador no toma en cuenta estos elementos, sobre todo, en el fútbol sudamericano. En el fútbol europeo existe una mayor conciencia sobre este tema. Los cuerpos de los jugadores de hoy son delgados y fibrosos, porque el fútbol se volvió más veloz. Antes eran más fuertes, porque era la condición que permitía imponerse. Hoy en día, si no se posee velocidad, no se puede jugar.

A MAYOR PESO EN EL CUERPO, MAYORES POSIBILIDADES DE LESIONARSE EXISTEN. A VECES, EL JUGADOR NO TOMA EN CUENTA ESTOS ELEMENTOS, SOBRE TODO, EN EL FÚTBOL SUDAMERICANO.

EL OCASO DE LOS ÍDOLOS

En el jugador que se está retirando se presenta una etapa, al final de su carrera, en la que vuelve a sentirse joven. La ayuda que puede brindar el entrenador consiste en hablar y hacerle entender que los tiempos del retiro nos llegan a todos. De esta comprensión o no dependerá la forma en que un futbolista termine su carrera. Se relaciona con la forma en la cual cada uno se retira. Pero, al margen de esa situación entre el entrenador y el futbolista, que se da en la intimidad del vestuario, también hay un contexto externo que puede provocar daño.

Siempre es mejor cuando se dispone de hombres con peso en el equipo, como Verón en Estudiantes. Ese tipo de jugadores absorben gran parte de la tensión del ambiente, proceda desde afuera o desde el interior de la cancha. Los ídolos dan mucho. Por eso se los debe respetar y tratar de la mejor manera cuando llegan al final de su carrera.

Ellos, a su vez, tienen que entender el momento en el que deben salir. Lo mejor que les puede pasar a los ídolos es encontrar, en su interior, el momento del retiro y no que los inviten a retirarse. Esa experiencia es dolorosa para todo el mundo y termina generando un ambiente negativo.

SIEMPRE ES MEJOR CUANDO SE DISPONE DE HOMBRES CON PESO EN EL EQUIPO, COMO VERÓN EN ESTUDIANTES. ESE TIPO DE JUGADORES ABSORBEN GRAN PARTE DE LA TENSIÓN DEL AMBIENTE, PROCEDA DESDE AFUERA O DESDE EL INTERIOR DE LA CANCHA. LOS ÍDOLOS DAN MUCHO.

Es bueno tener un ídolo en el equipo, mientras responda. Cuando ya no lo hace, debe ir al banco. El problema para el entrenador nace cuando el equipo pierde y el ídolo se encuentra fuera del campo. Es una situación muy contradictoria, porque el hincha siente amor por aquella figura que tantas alegrías le otorgó en el pasado, pero, además, desea que su equipo gane.

Entonces, llega un momento en el que el técnico debe decidir lo mejor para el equipo. De todos modos, siempre se encuentra abierta la posibilidad de incurrir en el enojo de los simpatizantes.

ES BUENO TENER UN ÍDOLO EN EL EQUIPO, MIENTRAS RESPONDA. CUANDO YA NO LO HACE, DEBE IR AL BANCO. EL PROBLEMA PARA EL ENTRENADOR NACE CUANDO EL EQUIPO PIERDE Y EL ÍDOLO SE ENCUENTRA FUERA DEL CAMPO.

Las conversaciones con un ídolo en proceso de retiro tienen que ser muy sinceras, porque, ante cualquier falsedad, ya no se podrá dar una vuelta atrás. Yo los respeto mucho y creo que no es bueno invadirlos. Se les debe dar tiempo. Carece de sentido hablarles demasiado, porque se trata de hombres maduros. Hay que decir algo concreto cuando se utiliza la palabra, esto debe tenerse siempre presente.

DOS JUGADORES PARA UN SOLO LUGAR

Los duelos personales entre dos jugadores son determinantes. El fútbol es un juego de once contra once,
pero también de uno contra uno. Ganar los duelos
implica ganar el partido. Desde lo futbolístico, para
mí era más difícil jugar contra futbolistas de baja es-
tatura que frente a jugadores altos. El jugador bajo es
más impredecible, más repentino y posee una mayor
explosión física en los desplazamientos.

**LOS DUELOS PERSONALES ENTRE DOS
JUGADORES SON DETERMINANTES. EL
FÚTBOL ES UN JUEGO DE ONCE CONTRA
ONCE, PERO TAMBIÉN DE UNO CONTRA
UNO. GANAR LOS DUELOS IMPLICA
GANAR EL PARTIDO.**

Como en los enfrentamientos entre clubes con
historia, también existen duelos clásicos entre jugadores de distintos equipos. Cuando era jugador, com-
prendí que no es posible pelear con todos. Se debe pelear con uno o con dos. Hay que elegir un "enemigo".

Si se lucha contra todos, uno se convierte en un peleador y no en un duelista.

También existen los duelos entre compañeros que compiten por el mismo puesto. Un día, un entrenador me dijo que tenía mejor pase entre líneas que otro jugador, que era muy importante en la Selección. Eso, desde luego, no quería decir que yo fuera mejor. Sí, en cambio, implicaba que era más apto para una función determinada. Lamentablemente, la gente, el público en general, piensa bajo la influencia de lo que se le vende.

HAY QUE ELEGIR UN "ENEMIGO". SI SE LUCHA CONTRA TODOS, UNO SE CONVIERTE EN UN PELEADOR Y NO EN UN DUELISTA.

ENCONTRARSE CON LA POPULARIDAD

Si recuerdo al chico que fui cuando empecé a jugar a la pelota, me veo frente al deseo de jugar con tribunas llenas, con gente que grite y aclame mi nombre. Soy consciente de que la popularidad del fútbol debe haber jugado un papel importante para que lo eligiera como camino vital y profesional. Después, con el tiempo, se cae en la cuenta de que no se fue detrás de la popularidad, sino que llegó en un momento determinado. La gente misma otorga la popularidad, al tiempo que brindan la posibilidad de liderar sobre los compañeros. Está claro que el jugador no produce hechos específicos para que esto ocurra. Creo que, más bien, uno traza un camino en el que se encuentra con un lugar que, al principio, parece saludable. Con el tiempo, se llega a la conclusión de que se trata de un espacio en el cual se debe tener mucho cuidado. La gente, que mira de forma permanente al futbolista, piensa que lo que dice o hace puede ser determinante para su vida. Entonces, se adquiere una popularidad a la que hay que tenerle mucho respeto, porque, según cómo se use, esto influirá en muchos aspectos que están más allá del jugador.

Antes no me sentía tan agobiado por la popularidad. Pero creo que la ruptura no se produjo cuando me transformé en director técnico. Lo cuento a partir de estos años como entrenador del Atlético de Madrid. Este tiempo cambió mi forma de moverme y de recibir el afecto de los demás. Está claro que el cariño fue creciendo y eso es impagable. Pero me pasa que, cuando voy a algún lugar, me siento observado.

ESTE TIEMPO CAMBIÓ MI FORMA DE MOVERME Y DE RECIBIR EL AFECTO DE LOS DEMÁS. ESTÁ CLARO QUE EL CARIÑO FUE CRECIENDO Y ESO ES IMPAGABLE. PERO ME PASA QUE, CUANDO VOY A ALGÚN LUGAR, ME SIENTO OBSERVADO.

Siempre supe que ocupaba un espacio de atención y nunca me molestó. Pero es verdad que en algunos momentos quisiera ser uno más. Es una sensación de agobio rara. Por un lado, se siente la alegría que produce el reconocimiento y el respeto de la gente y, por el otro, aparece la sensación de que al otro no le importa mi vida. Me vuelvo un poco distante, si la forma de acercarse no es amable. Quizás, se está viviendo un momento en familia o se está tratando un tema importante de la vida, un momento íntimo y llega una persona que pide una foto, sin considerar que todos tenemos una vida personal.

POR UN LADO, SE SIENTE LA ALEGRÍA QUE PRODUCE EL RECONOCIMIENTO Y RESPETO DE LA GENTE Y, POR EL OTRO, APARECE LA SENSACIÓN DE QUE AL OTRO NO LE IMPORTA MI VIDA.

La culpa no es de aquel que se acerca, que sabe que puede ser ese el único momento para tomar contacto con su referente. Tampoco tiene culpa alguna el futbolista, sino un sistema que crea personajes y que hace que no se pueda ver más allá de una figura pública.

Cuando se tiene popularidad, se empieza a comprender que uno no debe enojarse, cuando se asiste a un lugar y ocurre una situación de contacto con los simpatizantes. De lo contrario, uno debe quedarse circunscripto en un espacio privado. La popularidad tiene un costo que debe pagarse. Me gustaría salir a caminar y no puedo. Al tomar conciencia de la popularidad, no se puede exigir a la gente que actúe como se quiere o pretende. Nada impide sentir una sensación ambigua de alegría e invasión a la vez. De todos modos, existen muchos matices en dichos encuentros. Hay diferencias según la forma adoptada para acercarse. Hay formas menos chocantes que otras. Si el trato es respetuoso y amable, se podrá obtener aquello que el admirador busca.

La persona que cuenta con popularidad tiene algo del presidiario. Es la idea de la jaula de oro. Eso existe. Creo que uno intenta disfrutar de esa situación de la mejor manera. Pero también se debe considerar que la popularidad está emparentada con el éxito. Y el fútbol es muy exitista.

Parece ridículo quejarse porque la gente se acerque, cuando se está en la senda del triunfo. También observo a futbolistas que les firman una foto a quinientas personas, eso tampoco es real. Existe una mentira en ese personaje que se queda dando autógrafos a todos. Posiblemente, esté demostrando un aspecto que le interesa destacar. Esa no ha sido nunca mi elección.

TAMBIÉN OBSERVO A FUTBOLISTAS QUE LES FIRMAN UNA FOTO A QUINIENTAS PERSONAS, ESO TAMPOCO ES REAL. EXISTE UNA MENTIRA EN ESE PERSONAJE QUE SE QUEDA DANDO AUTÓGRAFOS A TODOS.

Además, en el ambiente futbolístico todo se encuentra muy mediatizado. Muchas cosas llegan hasta uno por medio de las noticias. Comprendo que en general nadie dice la verdad, porque es muy difícil hacerlo y porque tiene un costo, casi siempre alto. Los entrenadores estamos en una posición en la que todos hablan de nosotros.

Existen muchas mentiras y lo peor es que no se puede neutralizarlas. Una vez publicada, resulta difícil detener una mentira, porque quienes creyeron en eso no se tomarán el tiempo necesario para analizarla o para aguardar la desmentida o respuesta pertinente. En consecuencia, el efecto de la mentira es más profundo que el de la desmentida.

Desde la exposición pública que he tenido, concluí que muchas cosas que se dicen de uno son falsedades y que la vida íntima está en otro plano. No puedo recordar cuándo exactamente tomé conciencia de eso. Es algo que me acompañó. Me ha pasado de "informarme" sobre mi pase a clubes para los que no jugué nunca o de cifras monetarias que nunca cobré. En el fondo, nadie conoce la intimidad del hombre público. Para ser justos, nadie termina de conocer a nadie.

EN EL FONDO, NADIE CONOCE LA
INTIMIDAD DEL HOMBRE PÚBLICO.
PARA SER JUSTOS, NADIE TERMINA DE
CONOCER A NADIE.

16. PLANIFICAR

En base a esta presión que hay sobre el tiempo personal, el espacio para la soledad se hace más valioso. Se valora y se disfruta mucho más el tiempo de tranquilidad en el que se hacen las cosas más sencillas: ir a comer, ir al cine, viajar. Pero, a veces, la suerte no acompaña. Un día, salí a correr por la playa en Cádiz y un ejército de personas apareció corriendo a la par mía. Fue increíble. Parecía previamente acordado. Pensé que no me iban a conocer y que, si me conocían, no correrían a mi lado. ¿A quién podría ocurrírsele? Una vez que sucede, ¿cómo puede manejarse? ¿Qué podía hacer? ¿Intentar abrirme paso? Mientras corrían a mi lado, escuché que una de las personas hablaba por teléfono, aparentemente con su madre, y que le decía que no podría imaginarse junto a quién estaba corriendo.

La soledad es valiosa para la persona que está expuesta, porque genera una descompresión. Por esta razón, me cuesta mucho dejar mi lugar. A veces, mi esposa me pide que vayamos a cenar a un restaurante que tenemos a cien kilómetros de casa pero a mí me resulta difícil salir y abandonar el espacio que siento mío.

Soy muy estructurado: me dirijo al entrenamiento, regreso, almuerzo, descanso cuarenta minutos, miro vídeos, después resuelvo cosas pendientes. Vivo en un caparazón porque me gusta. Cuando alguien intenta convencerme para ir a algún lado, siento que salgo de ese confort, de ese espacio en el que me siento bien. Ahora, cuando cambio de sitio, en unas horas logro relajarme.

SOY MUY ESTRUCTURADO: ME DIRIJO AL ENTRENAMIENTO, REGRESO, ALMUERZO, DESCANSO CUARENTA MINUTOS, MIRO VÍDEOS DESPUÉS RESUELVO COSAS PENDIENTES. VIVO EN UN CAPARAZÓN PORQUE ME GUSTA.

Ser estructurado me permite tener estabilidad en las circunstancias adversas. Desde que se comienza a jugar hasta que se llega a ser entrenador, se atraviesan diferentes momentos. En mi etapa en Pisa me lesioné y me permití vivir situaciones de diversión que normalmente no me permitía. Pero hay un tiempo para todo. El problema es saber elegirlo bien. Más allá de que la diversión pueda ser breve, si es de calidad, se puede disfrutar mucho más que si se tratase de un elemento diario.

SER ESTRUCTURADO PERMITE TENER ESTABILIDAD EN LAS CIRCUNSTANCIAS ADVERSAS.

Soy una persona que no cae fácilmente en las tentaciones. Quizás, porque no me gusta lo fácil. A las tentaciones no las veo como diversiones. Nunca me escapé de la escuela. Prefería la adrenalina, tomar el riesgo de presentarme a rendir y no encontrarme preparado, antes que irme del colegio. Eso me parecía una deslealtad hacia mis padres y hacia mi propia persona.

SATISFACCIÓN CERO

Desconozco si vale la pena hacer un promedio de la satisfacción por la carrera construida, porque dicho promedio se relaciona con el pasado y, cuando se está en actividad, interesan el presente y el futuro. Pienso que, si evalúo ese pasado, soy afortunado. No es sencillo que el porcentaje mayor de las situaciones enfrentadas sea favorable y no contrario; sobre todo, en un lugar donde la competencia es continua.

NUNCA ME ESCAPÉ DE LA ESCUELA. PREFERÍA LA ADRENALINA, TOMAR EL RIESGO DE PRESENTARME A RENDIR Y NO ENCONTRARME PREPARADO, ANTES QUE IRME DEL COLEGIO. ESO ME PARECÍA UNA DESLEALTAD HACIA MIS PADRES Y HACIA MI PROPIA PERSONA.

Por supuesto, cuando la fortuna no juega a favor, se debe poner todo de uno mismo para equilibrar las cosas. Yo me lesioné la rodilla. Fue un momento de dificultad que tomé como un desafío tremendo, que fortaleció todavía más mi preexistente tozudez.

ARMÉ UN PLAN: INGRESÉ EN UN TÚNEL, POSIBLEMENTE EGOÍSTA, PORQUE, SIN UN POCO DE EGOÍSMO, NO ES POSIBLE ALCANZAR NINGÚN OBJETIVO, PARA, FINALMENTE, LLEGAR A LO QUE DESEABA.

Restaban siete meses para el Mundial 2002 y, transcurridos cinco meses y medio, ya estaba en el campo de juego otra vez. Estuve dos meses con un cabestrillo, porque me había roto el cartílago. También me rompí el menisco y el ligamento cruzado. Entonces, armé un plan: ingresé en un túnel, posiblemente egoísta, porque, sin un poco de egoísmo, no es posible alcanzar ningún objetivo, para, finalmente, llegar a lo que deseaba.

UNA IDEA CONCRETA

Observo a mis colegas. Supongo que ocurre en todas las profesiones. Siento que, cuando uno se encuentra en una fase de crecimiento, aquel que está
pasando por un momento mejor valora dicho crecimiento. Esa simpatía por quien está comenzando es
natural. Pero, cuando más cerca se está de los espacios de mayor competitividad, la situación cambia,
porque, muchas veces, uno puede convertirse en rival de quien se admira.

CUANDO MÁS CERCA SE ESTÁ DE LOS
ESPACIOS DE MAYOR COMPETITIVIDAD, LA
SITUACIÓN CAMBIA, PORQUE, MUCHAS
VECES, UNO PUEDE CONVERTIRSE EN
RIVAL DE QUIEN SE ADMIRA.

Más allá de todo eso y del folclore creado con la
rivalidad de los técnicos, personalmente valoro a
aquellos que tienen una idea futbolísticamente clara, incluso, pese a que esa idea sea contraria a la
mía. Aquellos que no tienen ideas claras, en cambio,
no me despiertan ese tipo de valoración.

OBSERVO QUE QUIENES LLEGAN A LA CIMA O A LOS LUGARES MÁS IMPORTANTES EN LA COMPETENCIA LO HACEN CON UNA IDEA CLARA Y CONCRETA. ES MUY DIFÍCIL LLEGAR A UNA POSICIÓN DE ÉXITO O EXCELENCIA SIN CLARIDAD.

Además, observo que quienes llegan a la cima o a los lugares más importantes en la competencia lo hacen con una idea clara y concreta. Es muy difícil llegar a una posición de éxito o excelencia sin claridad. Porque lo que se hace puede desarrollarse mejor o peor y puede arrojar distintos resultados. Lo admirable es la fuerza para sostener una idea, pese a todo lo que se diga. Por supuesto, son más valorados los entrenadores a los que les gusta jugar mejor. También hay quienes compiten de otro modo, que suelen ser criticados, pero que pueden obtener un resultado favorable. Admiro a unos y a otros.

Aquello que estudio de un partido es la secuencia en la que es posible advertir de qué modo se manejan los técnicos con sus equipos y con sus jugadores.

Son aspectos que quizás el hincha simpatizante no observa. Carlo Ancelotti me gusta mucho, porque siempre tuvo muy buenas relaciones con todos los jugadores con los que trabajó. Uno de los elementos que mayor admiración despierta de este entrenador es que haya trabajado en distintos equipos como el Chelsea, el Milan, la Juventus, el Real Madrid y el París Saint Germain, finalizando su etapa de forma cordial y respetuosa. Ganó, perdió y empató, pero siempre conservó el mismo perfil.

CARLO ANCELOTTI ME GUSTA MUCHO, PORQUE SIEMPRE TUVO MUY BUENAS RELACIONES CON TODOS LOS JUGADORES CON LOS QUE TRABAJÓ.

Analizo con cuidado esa situación, ya que cumple el objetivo de lograr una estabilidad emocional independiente de los resultados. Porque, al dedicarse a esta profesión, es sabido que se puede ganar o perder. Cada uno debe manejar esta condición del mejor modo posible.

LAS POSIBILIDADES, AL TOMAR UNA
DECISIÓN, SE CIERRAN COMO SI FUESEN
FILTRADAS. EN ALGÚN MOMENTO
PUEDEN IMAGINARSE MUCHAS
OPCIONES, PERO, POCO A POCO, ESTAS
COMIENZAN A CERRARSE Y, AL FINAL,
SOLO QUEDAN UNAS POCAS.

Hay algo que se encuentra más allá de los egos y que se relaciona con el equilibrio y la estabilidad. Una consecuencia de la estabilidad de un técnico implica cerrar de forma adecuada una relación laboral, pero son pocos quienes lo hacen. A Massimiliano Allegri, que tiene un perfil interesante, le presto atención en este sentido: del Milan partió como un caballero, en la Juventus vivió momentos complicados, pero luchó y alcanzó la final de la Champions League.

MUCHAS POSIBILIDADES Y SOLO UNA DECISIÓN

Las posibilidades, al tomar una decisión, se cierran como si fuesen filtradas. En algún momento pueden imaginarse muchas opciones, pero, poco a poco, estas comienzan a cerrarse y, al final, solo quedan unas pocas. Durante el juego, me guío por situaciones anteriores, observo la realidad del momento y, a partir de ese punto, ya no se dispone de cinco posibilidades, sino de una o dos.

Cuanto más cerca se encuentra el momento de la decisión, menos opciones se tienen en la cabeza.

Este concepto es muy amplio. Por ejemplo, hacer un cambio en un partido obedece a una decisión espontánea, es casi un instinto. Elegir a un jugador para trabajar en un determinado tiempo es una afirmación que surge de estudiar profundamente una situación.

El hecho de que un joven ya no forme parte del equipo corresponde menos al cuerpo técnico que al nivel de rendimiento plasmado u obtenido. Hay muchos matices en las decisiones y no todas poseen la misma influencia.

LA ARENGA NO BASTA PARA OBTENER UN TRIUNFO

A veces pienso si hubiese podido lograr, en otros ámbitos profesionales, algo similar a lo alcanzado en el fútbol. Habría que pensar en la capacitación que pude o que puedo tener respecto a otro objetivo propuesto, estudiar la condición para que surja el talento del liderazgo. Porque, para lograr un objetivo, se debe estar capacitado, estudiar la parte anímica, discursiva: "¡Vamos, vamos, vamos!" no basta para obtener un triunfo. A partir de la capacitación aparece el liderazgo. El liderazgo es capacitación, es inteligencia, es saber de lo que se está hablando.

A PARTIR DE LA CAPACITACIÓN APARECE EL LIDERAZGO. EL LIDERAZGO ES CAPACITACIÓN, ES INTELIGENCIA, ES SABER DE LO QUE SE ESTÁ HABLANDO.

La generación de entrenadores, precedente a la mía, tuvieron otro tipo de formación. No creo que se hablara o exigiera menos, pero se trataba, posiblemente, de otra concepción profesional, regida por otros patrones. Pienso que estaban formados de otro modo.

Yo tuve la posibilidad de jugar en Europa durante doce años, algo que no vivió Alfio Basile, por citar el ejemplo de un técnico muy exitoso. Él tuvo una capacidad innata y una preparación profesional que, a mi modo de ver, explotó extremadamente bien.

Siempre hay que registrar las posibilidades con las que se cuenta para llegar al éxito profesional. A mayor preparación y mayor experiencia vivida, se está en mejores condiciones para enfrentar los desafíos.

LOS JÓVENES JUGADORES EUROPEOS LLEGAN, HOY, MUY CAPACITADOS PARA ENTRENAR EN PRIMERA DIVISIÓN. EN LA ARGENTINA, POR EL CONTRARIO, NO. CUANDO SE LES EXIGE UN EJERCICIO QUE IMPLICA COMBINACIONES, SALE A LA LUZ QUE NO LO COMPRENDEN.

Cambiaron, también, los recursos humanos. Los jóvenes jugadores europeos llegan, hoy, muy capacitados para entrenar en Primera División. En la Argentina, por el contrario, no. Cuando se les exige un ejercicio que implica combinaciones, sale a la luz que no lo comprenden. No es difícil. Se debe seguir a quien se encuentra por delante, imitarlo. Si este ejercicio se explica a un europeo, lo resuelve con facilidad, porque tiene una preparación distinta. Esto no quiere decir que sea mejor jugador. Existen otros elementos tales como la personalidad, la agresividad, el carácter, que, quizás, no poseen y que, en cambio, sí tiene el jugador argentino.

17. PERCIBIR

La importancia de lo que hago es relativa. No hay que creerse el centro del mundo. Es cierto que, por las condiciones del fútbol de hoy, las cosas que uno hace pueden tener una trascendencia mediática global, que puede ser reconocida o criticada por un hombre que se encuentra viendo televisión en Tokio.

Soy consciente, sin embargo, de que el mundo no gira alrededor de eso. Es lo que nace en mí y a lo que me dediqué. Es lo que la vida me permitió transmitirles a los demás. Pero no pienso que lo que hago sea más importante que lo que pueda hacer un arquitecto, que construye una casa, o un médico que realiza una operación. Quizás puedan encontrarse similitudes, porque trabajamos con elementos humanos, estudiamos y tomamos decisiones.

Cada elemento es determinante, desde el lugar que ocupa, para que las cosas salgan de forma correcta. Otorgo mucha importancia a lo mío dentro de su contexto y no dentro de una totalidad, porque lo que hago no va a cambiar el mundo.

Un entrenador responsable procede de igual modo que el constructor responsable, el escritor responsable o el médico responsable. La diferencia reside en que lo futbolístico tiene una exposición mayor, si se lo evalúa en términos globales. El cirujano que realiza una operación, por lo general, no figura en los diarios y, sin embargo, tiene una importancia mucho mayor, para el cuidado de la vida, que la de un jugador de fútbol.

CADA ELEMENTO ES DETERMINANTE, DESDE EL LUGAR QUE OCUPA, PARA QUE LAS COSAS SALGAN DE FORMA CORRECTA. OTORGO MUCHA IMPORTANCIA A LO MÍO DENTRO DE SU CONTEXTO Y NO DENTRO DE UNA TOTALIDAD, PORQUE LO QUE HAGO NO VA A CAMBIAR EL MUNDO.

PERCIBIR, INTUIR

Alguien me dijo que a los ingleses les gusta decir que la percepción es el rey, es decir, que dirige todas las cosas. Yo me siento muy ligado a esta acción, pero me cuesta explicar dicho estado, porque creo que es algo innato. Sé que no es infalible, que posee su margen de error.

Comparada con distintas sensaciones, creo que es una acción más profunda que intuir. Escucho la palabra "percibir" y la asocio con algo que nace en mi interior. Si digo "intuir", me parece que se trata de algo más accesible. Es como si, al percibir, fuese posible observar lo que todavía no se encuentra y, al intuir, se viera lo que, de algún modo, ya se encuentra presente.

CONFRONTAR CON LOS MÁS GRANDES

Cuando jugaba en el Atlético de Madrid, leí en un diario que el presidente Jesús Gil dijo: "Simeone y otros jugadores le están faltando el respeto al hincha del Atlético de Madrid". Estábamos mal posicionados en la liga, pero, de todos modos, reaccioné con enojo. Entonces, en una entrevista, dije que no iba a permitir que nadie me faltara el respeto a mí ni al apellido de mi padre.

ESCUCHO LA PALABRA "PERCIBIR" Y LA ASOCIO CON ALGO QUE NACE EN MI INTERIOR. SI DIGO "INTUIR", ME PARECE QUE SE TRATA DE ALGO MÁS ACCESIBLE.

Hacía poco tiempo que estaba en el club. Tenía 24 años. El presidente no me llamó por teléfono, no me contestó. Había hablado un lunes y yo, un miércoles. Llegué al partido del sábado esperando que ingresara al vestuario, como siempre. Al pasar por la puerta, le di la mano para saludarlo, me contestó el saludo y me dijo: "Ole, sus huevos, Simeone. Ahora demuéstrelo ahí adentro". Valoraba el enfrentamiento, la confrontación. Debe haber pensado: "Si me contestó, algo bueno debe tener".

Una vez me dijeron que las mejores peleas eran aquellas en las que uno pelea con alguien más grande. Yo nunca maltraté a quien dependía de mí, porque, en ese caso, se estaría abusando de una situación de poder y eso me disgustaría en extremo.

No existe valor alguno en pelearse con alguien más débil. No es lo mismo confrontar con la estatua viviente de la Plaza Mayor que con Jesús Gil, quien, además de presidente del club, era un hombre muy poderoso en España. Pienso que eso no se elige, nace en el interior de cada persona. Se lucha, incluso, en una situación en la que se puede perder mucho.

NO EXISTE VALOR ALGUNO EN PELEARSE CON ALGUIEN MÁS DÉBIL. NO ES LO MISMO CONFRONTAR CON LA ESTATUA VIVIENTE DE LA PLAZA MAYOR QUE CON JESÚS GIL, QUIEN, ADEMÁS DE PRESIDENTE DEL CLUB, ERA UN HOMBRE MUY PODEROSO EN ESPAÑA.

Porque, si se confronta con un jefe, se puede perder el trabajo y, por lo tanto, se deben conocer los riesgos que esa confrontación implica. Para hacerse respetar, a veces hay que correr riesgos. A mí me hirió lo que el presidente del club había dicho y no me importaba de quién se trataba. No era correcto lo que decía y me dolió, como me duele siempre la mentira.

NO TENGO CÁBALAS, PERO QUE LAS HAY, LAS HAY

Yo tiendo a sostener lo que hago con franqueza, trabajo, obsesión por el detalle y racionalidad, pero, en el mundo del fútbol, la cábala es algo que se encuentra muy presente. La cábala implica una acción sistemática que pretende establecer un control sobre lo fortuito. Diría que es un hábito que no influye sobre nada pero que refuerza la confianza.

PARA HACERSE RESPETAR, A VECES HAY QUE CORRER RIESGOS. A MÍ ME HIRIÓ LO QUE EL PRESIDENTE DEL CLUB HABÍA DICHO Y NO ME IMPORTABA DE QUIÉN SE TRATABA. NO ERA CORRECTO LO QUE DECÍA Y ME DOLIÓ, COMO ME DUELE SIEMPRE LA MENTIRA.

Los periodistas se obsesionan en seguir la pista de las cábalas de los entrenadores. Hubo quien había hecho una investigación sobre mis camisas. Jugamos mal algunos partidos y el periodista quería saber si yo no usaba más camisas blancas por respeto a una cábala. En diez años que llevo trabajando como técnico, debo haber usado cinco veces una camisa blanca.

SIEMPRE ME PARECIÓ QUE LA CAMISA BLANCA IMPLICA UNA IDENTIFICACIÓN CON EL REAL MADRID, POR LO QUE VISTO DE COLOR AZUL, GRIS OSCURO, NEGRO O CELESTE. PERO COMIENZO LA TEMPORADA CON UN TRAJE Y LO UTILIZO TODO EL AÑO.

El cronista advirtió que, en el encuentro disputado y perdido por la Champions League frente al Bayern Leverkusen, había usado una camisa blanca. No tomó nota de que vestía una camisa negra cuando perdimos la final contra el Real Madrid, hábito que, pese al resultado, conservo. Siempre me pareció que la camisa blanca implica una identificación con el Real Madrid, por lo que visto de color azul, gris oscuro, negro o celeste. Pero comienzo la temporada con un traje y lo utilizo todo el año.

Por supuesto, tengo cábalas, pero trato de hacerlas pasar por hábitos. Soy una persona sistemática en la semana, algo que transfiero a la concentración. Al llegar, lo primero que hago es llevar mis cosas a la habitación y ver el partido de turno. Luego llega el gerente del club, quien me acerca el sobre con los papeles necesarios, cuelga mi ropa y deja el portatraje al lado de la valija. Yo, después, acomodo cada cosa en su sitio. Me voy a dormir y, al otro día, salgo a correr sin desayunar. Regreso, me baño y hablo con mi esposa por teléfono: una cosa detrás de la otra, sin alteraciones.

¿Qué ocurre si no puedo comunicarme con mi esposa? El partido empieza con problemas y corremos riesgos. Sé que todo esto no influye en el juego, pero me siento bien haciéndolo. Tengo más: siempre tomo un café antes de viajar, pero nunca lo tomo en el avión. Mi ropa interior es siempre del mismo color.

18. LUCHAR

La tozudez es un rasgo que puede ayudar a sostener las convicciones, incluso, en la adversidad. Sin embargo, ese modo de proceder no debe impedir que, en algún momento, se determine ceder ante la opinión de los otros, si se considera razonable. Según mi parecer, uno termina aceptando algo que otro dice, porque concluye que su propuesta es mejor que aquello que se pensaba decidir.

Soy muy abierto en ese sentido y no me creo poseedor de la verdad. Pero deben convencerme. Si se me presiona, no cedo, incluso bajo la posibilidad de cometer un error. Si alguien presiona, está pensando en imponerse sobre la opinión de los demás, no en aportar una opción más. Me gusta que me transmitan una idea acompañada por un argumento.

Es imposible que yo ceda ante la presión. Por ejemplo, si un dirigente me dice: "En vez de jugar un jugador debe jugar otro". Aseguro que ese otro no jugará más o jugará cuando yo así lo decida. No me debilita la presión, me endurece. Es un mecanismo de autodefensa, que uso en la vida y en el trabajo.

SI LLEGA UN MOMENTO DIFÍCIL, UNA FINAL IMPORTANTE FRENTE A LA QUE TODOS ESTÁN MUY NERVIOSOS, SOY EL QUE PERMANECE MÁS TRANQUILO.

Si llega un momento difícil, una final importante frente a la que todos están muy nerviosos, soy el que permanece más tranquilo. Se me puede ver más tenso en los procesos previos a los grandes momentos. En los grandes momentos siempre estoy tranquilo conmigo mismo, porque, seguramente, me sentí identificado con el proceso que nos llevó a ese momento de definición. Gane o pierda, el resultado dependerá de mis decisiones.

GANE O PIERDA, EL RESULTADO DEPENDERÁ DE MIS DECISIONES.

Sin embargo, una cosa es negarse a ceder a la presión sin argumentos y otra es negarse a cambiar cuando enfrenta un error evidente. Más allá de que siempre se diga que es necesario conservar la bandera y seguir una línea, yo creo que se debe tener la capacidad de cambiar, cuando se está equivocado. Eso, para mí, es la inteligencia, de lo contrario se es un necio. Pero, al mismo tiempo, es imprescindible que exista un eje concreto y propio. La idea propia es la referencia que siempre debe estar presente.

EL CUCHILLO ENTRE LOS DIENTES

Cuando dije que al fútbol se juega con el cuchillo entre los dientes lo hice por instinto. Fue algo espontáneo. Seguramente fue una respuesta defensiva a un momento difícil de la Selección Argentina. Estábamos en Mar del Plata, habíamos perdido 3-2 contra Serbia en un día de lluvia y, a los veinte días, debíamos jugar frente a Uruguay por las eliminatorias, en Montevideo.

MÁS ALLÁ DE QUE SIEMPRE SE DIGA QUE ES NECESARIO CONSERVAR LA BANDERA Y SEGUIR UNA LÍNEA, YO CREO QUE ES IMPRESCINDIBLE TENER LA CAPACIDAD DE CAMBIAR, CUANDO SE ESTÁ EQUIVOCADO.

Cuando se termina mal un partido y se atraviesa el lapso de tiempo previo a la disputa de un encuentro importante, los medios de comunicación atacan desde todas las direcciones posibles. Un periodista me preguntó cómo íbamos a jugar contra Uruguay, después de lo mal que lo habíamos hecho en Mar del Plata, frente a la Selección Serbia, y yo le respondí: "Habrá que ir a jugar con el cuchillo entre los dientes". Fue lo que sentí. Los uruguayos consideraron esta declaración como una falta de respeto, entendiendo que había sido muy agresivo. Me querían matar y, cuando fui a Montevideo a jugar, peleé con todos.

En el fondo, se trató de una frase inocente y dirigida más a nosotros que a los rivales. No dije que había que acuchillar al rival, sino que debíamos tener una actitud de dientes apretados. Muchas veces, me han nacido frases espontáneas. La frase vacía, "Partido a partido", que usé en el Atlético, la utilizan hasta los políticos para hacer campaña.

> **NO DIJE QUE HABÍA QUE ACUCHILLAR AL RIVAL, SINO QUE DEBÍAMOS TENER UNA ACTITUD DE DIENTES APRETADOS.**

Mis intervenciones públicas se dan, por lo general, en las conferencias de prensa. Pepe Pasques, que me asesora en esa área, me transmite algunos temas de la liga que se encuentran en debate y me hace un resumen para que me encuentre preparado.

Algunas veces salimos de situaciones hostiles, superando las expectativas de lo que debía decir. Me siento en una conferencia de prensa y soy otro. Hay momentos en los que estoy más lúcido y otros en los que me aburro o, incluso, me enojo. Pero me posiciono en una situación de confrontación, porque eso me gusta.

Me gusta ponerme explicativo cuando me insisten con las preguntas. Eso me permite bajar el tono y calmar a los periodistas. Por mi personalidad, el que me pregunta debe esforzarse como me esfuerzo yo para contestar, porque no evito nada. Si se me cuestiona, pido que se haga con argumentos.

ME GUSTA PONERME EXPLICATIVO CUANDO ME INSISTEN CON LAS PREGUNTAS. ESO ME PERMITE BAJAR EL TONO Y CALMAR A LOS PERIODISTAS.

19. SENTIR

Deberíamos discutir la idea de que hay un fútbol "nuestro". ¿Cuál es el fútbol nuestro? El fútbol argentino es como la sociedad argentina: somos españoles, italianos, criollos, franceses, etc. Somos una mezcla. Entonces, ante tanta variedad, lo mejor es explotar de la mejor manera las características individuales de cada futbolista para potenciar un juego en equipo.

España experimentó la "garra española". Pero esa identidad no tuvo éxito, en cambio, sí lo tuvo la que llegó a ganar el Mundial 2010, basada en el juego del Barcelona. Pero entre una y otra experiencia pasó Luis Aragonés, que fue como un puente entre las dos y que también ganó con un estilo similar al del juego bonito, pero con más garra que el de Del Bosque.

A mi juicio, el fútbol hay que entenderlo a partir de la sociedad. En la sociedad argentina somos

todos distintos. Está llena de características individuales diferentes. Y nosotros, individualmente, somos buenos, muy buenos.

EL FÚTBOL ARGENTINO ES COMO LA SOCIEDAD ARGENTINA: SOMOS ESPAÑOLES, ITALIANOS, CRIOLLOS, FRANCESES, ETC. SOMOS UNA MEZCLA. ENTONCES, ANTE TANTA VARIEDAD, LO MEJOR ES EXPLOTAR DE LA MEJOR MANERA LAS CARACTERÍSTICAS INDIVIDUALES DE CADA FUTBOLISTA.

Lo importante es generar que esa individuali-
dad potencie al equipo. No es tan fácil porque no
somos alemanes, no tenemos esa estructura cultural que se mantiene con los años como ocurre en
algunos clubes. Nunca fuimos educados de esa manera porque tendemos más al individualismo que a
lo colectivo.

No creo que la Selección Argentina pueda tener
algún día la posibilidad de construir una identidad

estable. Creo que la búsqueda debe ser la de potenciar situaciones individuales, intentando constituirse como equipo desde la potencia individual.
Esto de ninguna manera tendría que ocasionar problemas con el ego. Es parte del día a día. En todos
los equipos hay egos.

Un ejemplo de que las cosas podrían funcionar
bien de ese modo es Brasil. Hace muchos años que
Brasil abandonó lo que todos considerábamos su
estilo y que llegó a su máxima expresión en el Mundial de México 70. Pero, después de eso, estuvo 24
años sin salir campeón. Entonces probó de ganar de
otras maneras.

NO CREO QUE LA SELECCIÓN
ARGENTINA PUEDA TENER ALGÚN
DÍA LA POSIBILIDAD DE CONSTRUIR
UNA IDENTIDAD ESTABLE. CREO
QUE LA BÚSQUEDA DEBE SER
LA DE POTENCIAR SITUACIONES
INDIVIDUALES, INTENTANDO
CONSTITUIRSE COMO EQUIPO DESDE
LA POTENCIA INDIVIDUAL.

Volvió a triunfar con un equipo de "todocam-
pistas" más Bebeto y Romario. Dunga ganó la Copa
América pareciéndose más a ese Brasil de 1994
con el que fue campeón del mundo como jugador,
que con el viejo Brasil del *jogo bonito*. Uno tiene que
saber que las ideas siempre se aplican sobre la realidad y, según los momentos, la realidad las recibe mejor o peor. Pero además las ideas no triun-
fan solas, sino con las herramientas que uno tiene
a mano, que a veces pueden ser las ideales y otras
veces, no.

**UNO TIENE QUE SABER QUE LAS IDEAS
SIEMPRE SE APLICAN SOBRE LA
REALIDAD Y, SEGÚN LOS MOMENTOS,
LA REALIDAD LAS RECIBE
MEJOR O PEOR.**

EXPLICAR UN SENTIMIENTO

Un jugador de selección es diferente a uno de club. Se
puede ser un jugador de club del montón y un buen
jugador de selección. Es difícil explicarlo. No sé si hay

un peso adicional en el hecho de participar de una selección. El público cambia, pero sigue con atención lo que el jugador transmite. La diferencia más grande es que uno ya no juega para la gente que va al estadio: se juega para el país. Si no se interpreta eso es porque no se comprende la dimensión de formar parte de un seleccionado nacional.

LAS IDEAS NO TRIUNFAN SOLAS, SINO CON LAS HERRAMIENTAS QUE UNO TIENE A MANO, QUE A VECES PUEDEN SER LAS IDEALES Y OTRAS VECES, NO.

Aunque cueste creer que uno hace algo por el país, lo cierto es que se lo está representando a través de un deporte. Cuando me preguntan qué siente un jugador de la Selección Argentina al escuchar el Himno Nacional antes de un partido, no sé muy bien qué contestar, ¿cómo se explica un sentimiento?

CUANDO ME PREGUNTAN QUÉ SIENTE UN JUGADOR DE LA SELECCIÓN ARGENTINA AL ESCUCHAR EL HIMNO NACIONAL ANTES DE UN PARTIDO, NO SÉ MUY BIEN QUÉ CONTESTAR, ¿CÓMO SE EXPLICA UN SENTIMIENTO?

Para algunos puede ser un peso extra sentir que se representa al país y para otros es una motivación. Yo iba en el avión y pensaba que era King Kong. Nunca estaba cansado porque había una motivación que me alejaba del agotamiento y las dificultades. Es una experiencia de regreso al amateurismo y a mi país. Posiblemente me ocurría eso porque me había ido de chico y cada partido de la Selección me regresaba a mi tierra y me hacía sentir que estaba en la Argentina otra vez. En esas circunstancias, no es importante cómo se juega, sino transmitirle al partido y a la gente que se pelea por algo que es propio.

En mis primeros años de técnico nunca sentí que fuera un extranjero para los argentinos a pesar de haber vivido quince años en Europa. Sin dudas, mi relación intensa con la Argentina tiene que ver con mis años en la Selección Nacional.

Empecé a jugar en la Selección de muy chico. Tuve la suerte de jugar con los campeones de 1986 a partir de 1988. Entre 1988 y 1990 estuve entrenando con ellos y quedé afuera del Mundial de Italia. Aprendí de Bilardo, Carlos Pachamé, Maradona, Oscar Ruggeri, Jorge Burruchaga y Jorge Valdano. No aprendí de otra gente; veía el amor de esos tipos por la camiseta y eso me fue marcando. Está en cada uno sentir ese amor, y yo lo sentí siempre.

IBA EN EL AVIÓN Y PENSABA QUE ERA KING KONG. NUNCA ESTABA CANSADO PORQUE HABÍA UNA MOTIVACIÓN.

Ponerse la camiseta de la Selección Argentina es inexplicable. Yo viví más de la mitad de mi vida afuera del país y sin embargo me siento muy argentino. Estoy trabajando en el exterior y sigo pensando así: soy argentino. Más allá de que pueda discutir como cualquiera por las cosas que nos gustaría cambiar, mi país es Argentina y me siento identificado con él.

POSIBLEMENTE ME OCURRÍA ESO PORQUE ME HABÍA IDO DE CHICO Y CADA PARTIDO DE LA SELECCIÓN ME REGRESABA A MI TIERRA Y ME HACÍA SENTIR QUE ESTABA EN LA ARGENTINA OTRA VEZ.

Me emocionaba ilusionarme con que me seleccionaran. Cuando venía la convocatoria, para mí era la vida. Yo no iba a jugar a la pelota, iba a representar a mi país. Eso era lo que sentía. Por supuesto que iba a jugar en un equipo de fútbol, pero dentro del estímulo que me movilizaba había una representación.

Hay una cuestión importante en países como la Argentina, porque buena parte de la felicidad colectiva depende de lo que pase con el fútbol. Yo entendí eso desde mis comienzos porque jugué en la Selección desde los 16 hasta los 32 años. Fue la etapa más extensa de mi carrera, la más estable y la más importante. Estuve en las juveniles y en tres mundiales de mayores. Pero, sobre todo, fue un lugar donde me sentía feliz.

HAY UNA CUESTIÓN IMPORTANTE EN PAÍSES COMO LA ARGENTINA, PORQUE BUENA PARTE DE LA FELICIDAD COLECTIVA DEPENDE DE LO QUE PASE CON EL FÚTBOL. YO ENTENDÍ ESO DESDE MIS COMIENZOS PORQUE JUGUÉ EN LA SELECCIÓN DESDE LOS 16 HASTA LOS 32 AÑOS.

Llegaba y veía la camiseta de la Selección Argentina en el vestuario y sentía algo imposible de explicar. Sentía que el cuerpo se preparaba para otra cosa. Ahí viví momentos buenos y no tan buenos con mucha intensidad. Formé parte de una generación de jugadores extraordinarios pero no pudimos alcanzar la Copa del Mundo, aunque creo que haber ganado en dos oportunidades la Copa América hizo que dejáramos un buen recuerdo. Los que jugamos en aquellos años todavía sentimos el cariño y el respeto de los hinchas.

Por supuesto que pienso en la posibilidad de poder ser entrenador de la Selección Argentina algún día. Sería injusto conmigo si no lo reconociera. Pero también lo imagino como algo que sería mejor que suceda en un momento diferente al que vivo hoy. Para mí, se trata de un lugar al que hay que llegar con una gran tranquilidad y un gran equilibrio emocional. Si me preguntan cómo quisiera llegar a tener esa responsabilidad, diría que me gustaría que se diera naturalmente, sin ansiedad ni urgencias.

Es evidente que para mí es algo serio, para lo que me preparé toda la vida y me voy a seguir preparando. Es un objetivo que tengo: prepararme para poder estar en el momento en que pueda ser más útil. Tiene que ser un encuentro y no una situación forzada.

POR SUPUESTO QUE PIENSO EN LA POSIBILIDAD DE PODER SER ENTRENADOR DE LA SELECCIÓN ARGENTINA ALGÚN DÍA. SERÍA INJUSTO CONMIGO SI NO LO RECONOCIERA.

También existe la posibilidad de que eso no pase nunca. Pero yo actúo como si fuera a ocurrir porque es mi aspiración más grande, independientemente de que nunca suceda. Lo considero un lugar especial que no se parece a los otros. Además, después de dirigir la Selección Argentina, ¿qué se puede hacer? No hay mucho más después de una experiencia así. Pero, igualmente, es algo que elijo como mi máximo objetivo. Mi objetivo estratégico. No como final de mi carrera, sino como objetivo principal. Porque si hay una causa por la que llevo a cabo mi carrera es para llegar ahí.

ES ALGO QUE ELIJO COMO MI MÁXIMO OBJETIVO. MI OBJETIVO ESTRATÉGICO. NO COMO FINAL DE MI CARRERA, SINO COMO OBJETIVO PRINCIPAL. PORQUE SI HAY UNA CAUSA POR LA QUE LLEVO A CABO MI CARRERA ES PARA LLEGAR AHÍ.

Sé que hoy no es el momento y también que después no hay mucho. Por eso no me interesa llegar rápido. Ni rápido ni al final: en el momento justo. Primero hay que pasar por varias etapas y yo estoy en esa situación, acumulando experiencia. Y no se me escapa que el día que me toque estar ahí, todo va a estar en riesgo. Supongo que desde el momento en que se acepta esa responsabilidad, el único día que se puede pasarlo bien es cuando se obtiene el primer puesto. De ahí para adelante y para atrás, lo que predominarán son las críticas. Entonces, también hay que estar preparado para esa situación.

La diferencia entre dirigir un club y una selección debe ser abismal. Es cuestión de escala y de presión social. Una selección es el conjunto de los clubes de un país. En todo hay diferencia: no hay continuidad, no hay estabilidad y no hay trato diario con el futbolista, que es lo más importante para un entrenador. Son cosas tan distintas que no sé si vale la pena compararlas.

Cuando empieza la Copa América o el Mundial, uno ve cómo la gente se prepara para el partido, cómo se junta a comer entre amigos y cómo se escucha el grito de gol en las calles vacías. Es emocionante y yo estuve dieciséis años viviendo esa experiencia. Aunque está claro que la comunión está en el gol. En la previa, todo es discusión. Así somos.

El hincha argentino no se puede comparar con ningún otro. Un día, cuando era el director técnico de River, fuimos a jugar el clásico contra Boca a la Bombonera. Perdimos 1-0 con un gol de Bataglia de cabeza. La semana previa, íbamos primeros con cuatro puntos de ventaja. Pensé que la única manera de ir a jugar a la Bombonera era con gente que jugara bien. Entonces mi viejo me preguntó cómo íbamos a formar. Le conté: "Vamos a poner a Gerlo, Cabral, Tuzzio, Villagra; en el medio Alexis Sánchez, Ponzio, Abelairas, Buonanotte, Falcao y Ortega". Y mi viejo me dijo: "Me encanta el equipo, son todos bajos y habilidosos".

EL HINCHA ARGENTINO NO PERDONA UNA.

El partido fue malísimo. Boca hizo ese gol y perdimos 1-0. Al final, hice entrar a Abreu y cabeceó un córner que se va por arriba del travesaño. Terminó el partido, me subí al micro y me llamó mi viejo. Me dijo: "Qué mal, ¿eh? Tendría que haber jugado Abreu de titular". Si mi viejo me dice eso, qué me puede decir el tipo que está en la casa o manejando un taxi. El hincha argentino no perdona una.

ÍNDICE